读好书系列

彩色插图版

光玉 ◎ 主编

# 中国青少年知识文库 B卷

吉林出版集团股份有限公司

## 图书在版编目(CIP)数据

中国青少年知识文库.B卷／光玉主编.—长春：
吉林出版集团股份有限公司，2011.4
（读好书系列）
ISBN 978-7-5463-4278-8

Ⅰ.①中… Ⅱ.①光… Ⅲ.①科学知识—青少年读物
Ⅳ.①Z228.2

中国版本图书馆CIP数据核字(2010)第240972号

## 中国青少年知识文库－B卷
ZHONGGUO QINGSHAONIAN ZHISHI WENKU-B JUAN

| | | |
|---|---|---|
| 主　　编 | 光　玉 | |
| 出 版 人 | 吴　强 | |
| 责任编辑 | 尤　蕾 | |
| 助理编辑 | 杨　帆 | |
| 开　　本 | 710mm×1000mm　1/16 | |
| 字　　数 | 120千字 | |
| 印　　张 | 10 | |
| 版　　次 | 2011年4月第1版 | |
| 印　　次 | 2022年9月第3次印刷 | |
| 出　　版 | 吉林出版集团股份有限公司 | |
| 发　　行 | 吉林音像出版社有限责任公司 | |
| 地　　址 | 长春市南关区福祉大路5788号 | |
| 电　　话 | 0431-81629667 | |
| 印　　刷 | 河北炳烁印刷有限公司 | |

ISBN 978-7-5463-4278-8　　　　定价：34.50元

版权所有　　侵权必究

# FOREWORD
## 前言

  大自然里总有说不完的秘密，生物世界里总有未解的奥秘，青少年朋友对奇奇怪怪的事物、形形色色的自然现象，总会提出很多问题。这些问题看似简单幼稚，却涉及自然界各个门类的知识。

  青少年朋友在不停地追问为什么，这正是他们求知欲旺盛的体现，他们想了解世界，探寻究竟。为给予他们明确的答案，帮助他们感受世界和认识世界，激发他们的学习兴趣，点燃他们智慧的火苗，我们精心编写了《中国青少年知识文库（B卷）》。书中分别介绍了航天知识、宇宙知识、军事知识、科技知识、文化知识和历史知识，不仅包罗万象，而且更具时代特征，文字简洁明了，插图丰富多彩，能令读者在不知不觉中进入一片充满意趣与遐想的空间，是真正图文并茂的青少年知识文库。希望青少年朋友能够轻松地从这里获取最想知道、最有益的知识，解开心中的疑团，养成爱动脑筋的好习惯。

  本书是为青少年精心制作的高雅、珍贵的礼物，是他们认识世界、了解世界的窗口，这里有着道不尽的趣味。青少年朋友，你想了解我国第一位航天英雄杨利伟吗？美丽的流星雨是怎么回事呢？你见过能隐形的飞机吗？为什么可以刷卡付费？中国为什么要加入WTO？你想了解长沙马王堆女尸千年不腐的秘密吗？……快来这里吧，睁开求知的眼，升起远航的帆，来看看这些你想知道的答案吧！

  希望本书能成为青少年朋友的良师益友，使青少年朋友在掌握知识的同时，达到启迪心灵、陶冶情操、开阔视野、增长才智的目的。

# 目录 MULU

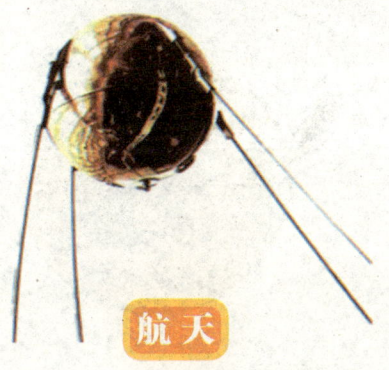

## 航天

魅力无穷的航天技术……………001
飞向太空…………002
最早的太空探索…………003
宇宙空间站…………004
航天飞机…………005
宇宙飞船…………006
迄今最伟大的航天工程…………007
人类走出地球的首选目标——月球…………008
"阿波罗号"登月成功的意义…………009
可怕的太空垃圾…………010
对外星探测的几种方式…………011
神奇的寻宝机——资源卫星…………012
人造卫星…………013
火箭为什么能在太空中飞行？…………014
火箭分级与火箭垂直发射…………015
橘红色的"黑匣子"…………016
从飞船起步的我国载人航天工程…………017
我国的卫星发射中心…………018
"神舟号"飞船为什么选在晚上发射？…………019
航天员为什么要穿航天服？…………020
航天员在太空中是如何行走的？…………021
航天员在太空中可以洗澡吗？…………022
长高的太空航天员…………023
航天员在太空中看上去为何会发胖？…………024
航天员能否在天上和家人通话？…………025
刺激的太空之旅…………026
航天食品…………027
航天员在太空能看到什么？…………028

## 宇宙

宇宙的起源…………029
　　黑洞…………030
　　白洞…………031
"太空海啸"…………032
　　　为什么不能向太空移民？…………033
太阳系的成员…………034
　　　为什么将冥王星踢出九大行星之列？…………035
太阳的年纪…………036
　　太阳黑子是黑色的吗？…………037
金色的太阳…………038
　　太阳耀斑…………039
月亮上真有嫦娥和玉兔吗？…………040
　　月亮为什么会跟着人走？…………041
月球从地球偷能量吗？…………042
　　星云…………043
划过夜空的流星…………044
　　陨石…………045
水星上有水吗？…………046
　　彗星——扫帚星…………047
"未来的太阳"——木星…………048
　　恒星永恒不动吗？…………049
为什么在八大行星中金星最亮？…………050
　　北斗七星组成的图形永远不变吗？…………051
太阳系生命最后的绿洲——冥王星…………052
　　为什么没有南极星而有北极星？…………053
银河是天上的河流吗？…………054
　　牛郎织女真的能相会吗？…………055
UFO是飞碟吗？…………056
　　地球自转速度为何时快时慢？…………057

## 军事

新概念武器…………058
　　核武器…………059

化学武器……060
生物武器……061
氢弹为什么被称为热核武器?……062
原子弹的由来……063
威力巨大的激光武器……064
火箭炮……065
追击炮为什么能打到山后的目标?……066
导弹……067
航空母舰……068
坦克……069
坦克履带……070
雷达低空盲区……071
地雷炸直升机……072
最好的自卫武器——手枪……073
无壳子弹……074
防弹服……075
催泪弹……076
水上飞机……077
无人驾驶飞机……078
鸟人飞行器……079
预警机……080
核冬天……081
电子战……082
动物在战争中能发挥什么作用?……083
维和部队……084
战士为什么穿迷彩服?……085
指挥员的"眼睛"——军用地图……086

## 科技

世界上第一台电子计算机是谁发明的?……087
电脑工作时为什么不能停电?……088
电脑"黑客"……089
电脑能代替人脑吗?……090
信息高速公路……091
世界上最大的计算机通信网络……092
为什么使用互联网要安装"Modem"?……093
电子邮件……094

光盘…………095
电话是什么时候发明的?…………096
移动电话…………097
数码相机是怎样诞生的?…………098
电视机是谁发明的?…………099
卡通片…………100
录音机是怎么录音的?…………101
家用电器为什么能遥控?…………102
什么是智能冰箱?…………103
雷达是如何探测雷雨的?…………104
为什么雷达能发现前方物体?…………105
飞机…………106
隐形飞机…………107
核电站…………108
纳米…………109
克隆…………110

## 文化

文化遗产…………111
打击盗版…………112
世界七大奇观…………113
埃及金字塔…………114
埃菲尔铁塔…………115
凯旋门…………116
玛雅文明…………117
妈祖信仰…………118
红衣主教…………119
茶马古道…………120
丝绸之路…………121
五岳…………122
西方人对数字的忌讳…………123
年三十晚上为什么被称为除夕?…………124
握手礼仪…………125
嘉年华…………126
剪彩…………127
中国为什么要加入WTO?…………128

## 历 史

国际护士的最高荣誉是什么？……129
　　帝王权威为何称作"九五之尊"？……130
　　我国最早的编年体史书是哪一部？……131
举世闻名的《孙子兵法》……132
　　"史家之绝唱"——《史记》……133
《资治通鉴》……134
　　《授时历》……135
刻在石柱上的法典……136
我国现存最早的私家藏书楼……137
　　焚书坑儒……138
"九儒十丐"……139
我国最伟大的教育家……140
　　中国第一位"印度通"……141
郑成功为什么叫"国姓爷"？……142
　　和亲……143
阿房宫……144
　　元代皇帝为何没有陵墓？……145
紫禁城……146
　　为什么说"北京人"是一座里程碑？……147
古埃及人是怎样生活的？……148
　　圆明园到底是谁烧的？……149

# 魅力无穷的航天技术

随着"神舟六号"宇宙飞船的成功发射和返回，中国人驻足太空已不再是梦想，这在激发我们民族自豪感的同时，也激起了国人对航天事业的关注。

20世纪，随着航天技术的迅猛发展，人类闯入了太空，航天事业的每一项成功都万众瞩目。

从遥远的太空反观地球，人类第一次意识到自己既伟大又渺小，感到既快乐又孤独。

宇宙是无穷尽的吗？其他星球上有生物存在吗？真的有外星人吗？我们可以登上月球旅游吗？真的有月宫、嫦娥和桂花树吗？什么时候我们能访问外星系？

这些巨大的疑问让人们既期盼又担忧，同时也激起了人们极大的好奇心。宇宙是浩瀚而神秘的，人们渴望了解宇宙的欲望也是无穷的。

## 伟大的第一步

科学家一致公认，登陆月球至今仍是人类探索宇宙的重要里程碑。

1969年7月16日至24日，美国航天员阿姆斯特朗作为"阿波罗11号"飞船指令长与登月舱驾驶员奥尔德林和指令舱驾驶员科林斯，共同完成了人类首次登月飞行任务。

7月20日20时17分（格林威治时间），阿姆斯特朗和奥尔德林操纵"鹰号"登月舱，在月球静海西南角着陆。

7月21日2时56分，阿姆斯特朗第一个走下舷梯，向"广寒宫"迈出了历史性的第一步。

当时他说出了此后在无数场合常被人引用的名言："这是一个人迈出的一小步，但却是人类迈出的一大步。"

这一步的确是伟大的一步，人类经过了多年艰苦的努力，终于成功将足迹印在了地球之外的另一个天体上，阿姆斯特朗也因为这"小小"的一步而永载史册。

▲美国航天员阿姆斯特朗

# 飞向太空

人类飞向太空的梦想，有文字记载的至少有数千年。中国古代就有"嫦娥奔月""飞天"等美丽的传说。

飞上太空，这不但是人们对自己能力的一种挑战，更重要的是为了满足人们对未知世界的求知欲望，满足人们了解浩翰宇宙的愿望。

太空中蕴藏着许多可利用的资源，如果能加以充分利用，对于人类来说，将是一笔无穷无尽的财富。

特别是当今社会，地球正面临环境污染、资源短缺和人口膨胀等威胁，如何利用这些太空资源，便成了一个迫切的课题。因此，这是飞上太空的另一个更现实的理由。

另外，飞上太空还是研究地球本身的需要。对于人类来说，宇宙中有太多太多的谜团，如果人们囿于地球狭小的范围，永远无法将其解开，只有飞出地球，深入太空，才有望获得必要的信息。

## 危险的事业

1957 年 10 月 4 日晚，一枚火箭携带着世界上第一颗人造地球卫星"斯普特尼克 1 号"在苏联的拜科努尔航天发射场发射成功，这标志着人类航天时代的真正到来。

但是，当时的载人航天非常危险，安全指数只有 50%。在苏联首次载人太空之旅的前一年里，载人飞船的 6 次试发有 3 次以悲剧告终：一次是因为定位系统出现故障未能返回地球；一次是发射时发生爆炸；另一次则是完成飞行任务返回时与大气层发生剧烈摩擦，导致飞船失火。

正是这些不成功的事例，导致苏联首次太空之旅迟迟未能定下日期。最初，被确定的苏联首航太空的航天员是邦达连科。不幸的是，在一次训练中，舱内燃起大火，1961 年 3 月 23 日，邦达连科因严重烧伤而死亡，成为航天史上第一位遇难的航天员。

载人航天工程的复杂性，决定了这必然是一项充满风险与挑战的事业。从邦达连科算起，至今已经有 22 名航天员献出了宝贵的生命。

然而，人类在探索太空的征程中绝不会停下前进的脚步，迎接探索者的必将是光明的未来。

# 最早的太空探索

对于浩渺的宇宙，人们是永远也不缺乏好奇心的。

据史料记载，世界上最早进行载人航天技术实践的，是我国明朝的万户（本名陶成道，"万户"为其官职）。

14世纪末，明朝的一位勇敢者万户坐在装有47枚当时最大的火箭的椅子上，双手各持一个大风筝，让仆人依照他的指令点燃火箭，试图借助火药的推力和风筝的升力实现飞行的梦想。不幸的是，在升空之后，他被炸得粉身碎骨。

尽管这次试验是一次失败的悲剧，但万户被公认为实践载人航天技术的世界第一人。

为了纪念万户，月球上的一个环形山以万户的名字命名。

进入20世纪，在人们的观念中，关于宇宙空间的科学概念已逐渐形成，世界各国都活跃着一大批航天先驱。

## 先驱戈达德

美国火箭专家戈达德有句名言："昨天的梦想就是今天的希望、明天的现实。"

1919年，戈达德用复杂的计算说明登月火箭是可以制造出来的。因此，"戈达德"这个名字在美洲大陆很快被传为笑柄。

1923年，研究凡尔纳的专家兼物理学家海尔曼·奥伯特发表了一本长达92页的公式连篇的小册子《奔向太空的火箭》，它成为宇航的初级课本。

1926年3月16日，戈达德在马萨诸塞州的沃德农场成功发射了人类历史上第一枚液体火箭。但是，戈达德的研究遇到了许多困难：缺少科研经费，挑剔的舆论界嘲笑他连高中物理常识都不懂，整天幻想做"月亮人"。

戈达德没有被这些困难吓倒，经过20多年默默无闻的努力，戈达德的付出终于换来了回报。

1941年1月，戈达德研制的新发动机火箭可达到2 000多米的高度，载重447千克，呈现出现代火箭的雏形。

▲美国火箭之父——戈达德

# 宇宙空间站

随着人类上天的梦想得以实现，人们将更多的目光投向了太空，越来越多的航天名词不断涌现出来，宇宙空间站也不再陌生。

宇宙空间站是能在太空中长时间运行的巨大载人航天器，里面有工作舱、生活舱、服务舱和对接舱，航天员和研究人员可利用站内的各种先进仪器设备进行生命科学、微重力科学与应用、空间科学、对地观测等众多领域的科学研究。

1971年4月19日，苏联用"质子号"火箭发射了世界上第一个载人空间站"礼炮1号"。

"礼炮1号"空间站于1971年10月11日在太平洋上空坠毁，共飞行了175天。运行期间对接了两艘"联盟号"飞船。

此后一直到1982年，苏联又连续发射了"礼炮"2号至5号空间站和第二代"礼炮"6号、7号空间站。

## 永久性宇宙空间站

1984年，美国提出了"建造永久性载人宇宙空间站"计划，这一设想得到了日本、加拿大和欧洲航天局的热烈响应。1988年9月有关各国为此签订了合作协议书。1993年9月，俄罗斯也加入了这个多边计划。1994年3月，在美国休斯敦，美国、俄罗斯、日本、加拿大和欧洲航天局的代表，正式通过了建造宇宙空间站计划方案的决定。

这个计划分三阶段共10年时间。

第一阶段从1994年开始。美国航天员将在"和平号"空间站进行长期适应能力的训练。美国航天飞机为"和平号"运送新的太阳能电池板，以缓解电力不足的问题。俄罗斯将为"和平号"扩增两个分别装有美国和俄罗斯的航天设备的实验舱，使美国可进行大规模的空间科学实验。

第二阶段从1997年开始。俄罗斯将发射一个与"和平号"核心舱类似的大型舱体，作为联合空间站的基础，为空间站提供导航和轨道控制系统。然后发射美国的实验舱和两艘"联盟号"飞船，与核心舱对接，构成一个过渡性的空间站。"联盟号"则作为航天员返回地面的紧急救援舱。

第三阶段从1998年开始到2004年结束。这期间要将美国的居住舱、欧洲航天局和日本的实验舱及加拿大的遥控机械臂送上轨道，最终完成空间站的组装。

## 一代天骄——"和平号"宇宙空间站

1986年2月20日，苏联发射了第三代长期载人空间站——"和平号"空间站的核心舱。此后历时10年，才建成较为完整的"和平号"空间站。2001年3月23日，"和平号"在绕地球飞行8万多圈、行程达到35亿千米、超期服役近10年后，坠毁在太平洋预定海域。

# 航天飞机

飞机有很多种用途,有军用的、民用的,还有用于航天的。

航天飞机就是利用助推火箭垂直起飞,然后启动轨道飞行器进行轨道航行,往返于地球表面和近地轨道之间,用于运送人员和货物,并且可以重复使用的飞行器。

二十世纪七八十年代,美国、苏联、法国和日本等国相继开始研制航天飞机,但由于技术和资金等,到目前只有美国研制的航天飞机投入使用。

航天飞机用途广泛,可进行空间交会、对接、停靠、空间科学实验、发射回收或检修卫星等工作。它曾在空间捕获一颗未能进入同步轨道的国际通信卫星6号,进行修理后又把它送入同步轨道;它还发射并三次整修哈勃空间望远镜。

航天飞机在轨道上运行时,可以在机械和宇航员的配合下完成多种任务,返回地面时能像滑翔机或飞机那样下滑和着陆。

航天飞机是人类自由进出太空的很好的工具,它的研制成功是航天史上的一个重要里程碑。

目前航天飞机的主要任务是向国际空间站运送航天员和各种建设用部件和补养。

美国原设想可重复使用的航天飞机是可以节约花费的,但结果并非如此,每架航天飞机的研制费非常高,最新的"奋进号"研制费达20亿美元,而且每次发射的费用超过1亿美元。因此美国至今只造了六架航天飞机,其中一架"企业号"为样机,另外有五架工作机,分别是"哥伦比亚号""挑战者号""发现号""亚特兰蒂斯号"和"奋进号"。

航天飞机的可靠性还是非常高的,1986年1月"挑战者号"发射失败后一直到2002年4月为止,已成功飞行过110次。

今天,航天飞机正以其特有的重复使用性、多用途性、经济性和良好的环境条件为人类的航天活动开辟广阔的前景,使航天活动进入一个新阶段。

## 航天宿将"哥伦比亚号"

1981年4月12日,美国将第一架航天飞机——"哥伦比亚号"送入地球近地轨道,这是美国最老的航天飞机。"哥伦比亚号"航天飞机总长约56米,机舱长18米,翼尾约24米,外形像一架大型三角翼飞机,机尾装有三个主发动机,机身腹部附有一个巨大的推进剂外贮箱,里面装着几百吨重的液氧、液氢燃料。起飞重量约2040吨,起飞总推力达2800吨,最大有效荷载29.5吨,整个组合装置重约2000吨,轨道器约可重复使用100次。

# 宇宙飞船

1961年，苏联航天员加加林乘坐"东方1号"载人宇宙飞船升空，此举不仅使加加林名扬四海，宇宙飞船作为第一种载人航天器也因此蜚声全球。许多人不禁要问：什么是宇宙飞船呢？

宇宙飞船是用多级火箭作为运载工具，从地球上发射出去，能在宇宙空间航行的飞行器。

宇宙飞船与返回式卫星有相似之处，但因为要载人，所以增加了许多特设系统，以满足航天员在太空工作和生活的多种需要。例如，用于空气更新、废水处理和再生、通风、温度和湿度控制等的环境控制和生命保障系统，报话通信系统，仪表和照明系统，航天服，载人机动装置和逃逸救生系统等。

载人飞船是当今最简单的一种载人航天器，具有飞行时间短、沿弹道式或半弹道式路径返回、一次性使用等特点，但由于其技术含量高，现在只有中国、俄罗斯、美国三国拥有。

## 飞船出现故障怎么办？

飞船在上升或返回过程中，若发生故障，需要应急弹射时，平常密封的座舱门可以迅速打开。航天员除可由座舱门进出外，还能从应急逃逸口爬出座舱。

▲宇宙飞船全图

在载人飞船上升、轨道运行和返回地球三个不同的飞行阶段中，因为有不同的飞行环境，所以其救生手段也不同。

例如：发射飞船的火箭起飞后发生危险，如果火箭飞行高度低于20 000米，航天员则可像飞机的飞行员一样启动弹射座椅从座舱弹出，再打开降落伞返回地面；若火箭的飞行高度超过20 000米，航天员就只能启动飞船顶部逃逸用的小火箭，用它把飞船拉离运载火箭，飞向安全区后，再打开降落伞，使飞船软着陆。

# 迄今最伟大的航天工程

随着我国载人航天的成功进行，航天已经成为万众瞩目的焦点，街头巷尾到处都在谈论航天问题。

你对航天了解多少？你知道迄今最伟大的航天工程是什么吗？

迄今最伟大的航天工程是建立国际空间站。

国际空间站是由美国、俄罗斯等16个国家联合建造的运行在近地轨道上的巨型航天器。它计划耗资600亿美元，于2005年前建成。

整个空间站需俄罗斯火箭48次发射和美国航天飞机30次飞行运送，最终在轨道上组装完成，可载7人长期工作。

目前在太空运行的国际空间站的基本部分，是由1998年11月发射的俄罗斯"曙光号"功能货舱与同年12月升空的美国"团结号"节点舱对接而成的。

国际空间站作为迄今最大的航天合作计划，已成功接待了9批地球来客。

## 建立国际空间站的意义

国际空间站将作为科学研究和开发太空资源的新手段，为人们提供一个长期在太空轨道上进行对地观测和天文观测的最佳场所。

国际空间站的建成，还将为人类重返月球、远征火星探索新的道路，它能把雄伟壮丽的载人航天事业推上一个新的高峰。

▼ 国际空间站

# 人类走出地球的首选目标——月球

随着人类社会的不断进步，人们开始把目光投向广袤的宇宙，并把月球作为走出地球的首选目标。

因为月球具有可供人类开发和利用的各种独特资源，也是人类通向外层空间理想的基地和前哨站。

月球具有的资源、能源和特殊环境，已经展现出广阔的开发利用前景，这将对人类的可持续发展做出重大贡献。由于地球资源逐渐匮乏，开发利用月球资源成为人类共同的愿望。

月球表面具有高真空、无磁场、弱重力、高洁净和地质构造稳定的环境，这对于建立月球天文观测基地、生物制品和新材料研制基地、对地观测站和深空探测前哨站均具有多方面重大意义。

另外，月球还是天文、空间物理、生命科学、对地观测和材料科学的理想研究场所。

### 月球表面的地形

月球表面的地形不是平坦的，而是坑坑洼洼的，主要是地形相对低洼的大型盆地，即月海盆地、月陆和撞击坑。

月球正面约有一半为月海，背面月海分布极少。

由于撞击，大量岩石碎块发生溅射，并堆积在盆地周围，形成围绕盆地的山系。

月海和月陆表面布满了由于撞击形成的撞击坑，直径大于 1 000 米者占月表面积的 7 % ～ 10 %。较"年轻"的撞击坑仍留有撞击溅射物运动所形成的辐射纹。

▲真空的月球

### "嫦娥一号"

2007 年 10 月 24 日 18 时 5 分，我国在西昌卫星发射中心用"长征三号"甲运载火箭将我国自主研制的第一颗月球探测卫星——"嫦娥一号"卫星成功送入太空。"嫦娥一号"将运行在距月球表面 200 千米的圆形轨道上执行科学探测任务。"嫦娥一号"的发射成功，标志着我国绕月探测工程迈出重要一步，受到国际社会的广泛关注。

# "阿波罗号"登月成功的意义

1969年7月24日,"阿波罗号"飞船安全降落在南太平洋上,从而完成了人类历史上的首次登月探险任务。

阿波罗登月,除进行考察外,还在月球上建立了核动力科学站。宇航员驾驶月球车进行活动,采集的月岩、月土标本达400千克,都被带回地球做进一步的科学分析。

阿波罗登月的成功,无疑具有伟大的科学和技术意义,因为它是人类第一次离开地球到达别的天体,是人类向太空渗透的新里程碑,是一次飞跃。

在人类向太空继续渗透、探索宇宙奥秘的过程中,月球还将成为桥头堡。登月的成功,也为人类开发利用月球,开拓新的疆域创造了条件。

▲伟大的登月计划

## 人类最伟大的计划

迄今为止,阿波罗登月是历时最长、规模最大、投资最多、最富传奇性的人类对太空的探险行动。

"阿波罗计划"是美国总统约翰·肯尼迪于1961年批准的,旨在于20世纪60年代末把人送上月球并安全返回,并为此开发了"水星""双子星座"和"阿波罗"三种飞船。"阿波罗"登月飞船由指令舱、服务舱和登月舱三部分组成。

早在1957年,美国就开始设想阿波罗登月计划,1961年5月25日正式宣布实施该项计划。历时11年多,美国终于在1972年12月底完成了阿波罗登月计划。

"阿波罗"飞船在1963年至1966年曾进行了多次不载人飞行试验。1968年10月,"阿波罗7号"首次进行载人环绕地球飞行;同年12月,"阿波罗8号"实现了人类首次环绕月球飞行。随后,"阿波罗"9号、10号分别在环地和环月轨道上进行了登月舱的模拟登月降落试验。

在执行阿波罗登月计划的10年时间里,共进行了17次飞行试验,包括6次无人亚轨道和地球轨道飞行、1次载人地球轨道飞行、3次载人月球轨道飞行、7次载人登月飞行(其中6次成功,1次失败)。

# 可怕的太空垃圾

简单来说，太空垃圾就是在人类探索宇宙的过程中，被有意或无意地遗弃在宇宙空间的各种残骸和废物。它的危害主要有三方面。

首先，对航天员构成致命威胁。宇宙空间中直径为0.5厘米的金属粉尘的下落速度达10 000米／秒，可以击穿密闭的宇航服，使航天员丧生。

其次，使宇航器材受损。直径为1厘米的碎片，可损坏大型空间站部件（1996年8月，美国"阿里亚娜"卫星废弃的一块太空垃圾把一颗法国卫星的天线撞断，使这颗卫星无法正常接收和传输信号，险些"丢失"在太空）。

最后，严重影响太空天文观测。不足10厘米的碎片，即会使太空射电望远镜出现误差。目前，这种现象每天至少要发生一次。

## 有多少太空垃圾？

太空垃圾名目繁多：大的有已经"寿终正寝"但仍在空间轨道兜圈子的卫星、空间站等航天器，以及被遗弃的运载火箭推进器残骸；中等的有意外爆炸形成的碎片；小的有一些零部件，如星箭分离用的爆炸螺栓、卫星包带和弹簧等，还有航天员"随地乱扔"的垃圾，如1965年，在美国首次太空行走过程中，航天员爱德华失手丢掉了一只手套；更多的则是极其微小的空间微粒，如航天器脱落的油漆颗粒等。

▲发射升天的航天器

1957年苏联发射世界上第一颗人造卫星至今，大约有14 000万颗飞行器进入外部空间，除了约有9 000颗消失在大气中或被回收，还有5 000颗留在轨道上，其中约有4 000颗正成为没有动力的物体。它们和各级火箭残骸加在一起有上万件，在半径为2 000千米的空域中，废弃物重达300吨。

据不完全统计，太空中现有直径大于10厘米的碎片9 000多个，大于1.2厘米的有数十万个，而漆片和固体推进剂尘粒等微小颗粒可能数以百万计。

# 对外星探测的几种方式

有了航天技术,人类就有可能利用空间探测器和飞船,离开地球去探测地球以外的星球。那么,目前探测外星有哪几种方式呢?

第一种方式是从外星附近飞过,进行近距离的观测,拍摄它们的照片,测定它们的辐射和磁场等。

第二种方式是在外星表面硬着陆,利用坠落之前的短暂时机进行探测。

第三种方式是绕外星飞行,成为外星的人造卫星进行长期的反复观测。

第四种方式是在外星上软着陆,进行实地考察,对外星表面进行细致的分析和探测,也可将取得的样品送回地球研究。

第五种方式是把航天员直接送上外星,这是一种最佳也是最艰难的探测方式,目前人类仅派人对月球进行过考察。

## 对外星的探测已取得的成果

美国"水手4号"探测器在距离火星约10 000千米处,拍摄了火星的第一批照片;美国"海盗1号"和"海盗2号"探测器,在火星上进行了长时间的研究,共发回50 000多张火星照片,还对火星表面的土壤进行取样化验分析;1969～1972年间,美国发射"阿波罗"载人飞船,分6次把12人送上月球,大大加深了人类对月球的认识;苏联"月球3号"探测器在飞过月球时,拍下了月球背面的第一张照片。

▼航天员登上外星

# 神奇的寻宝机——资源卫星

资源卫星是探测和研究地球自然资源的卫星。它能"看透"地层，发现人们肉眼看不到的地下宝藏、历史古迹、地层结构，还能考察和预报各种严重的自然灾害。

资源卫星的本领这么大，那它究竟是怎样工作的呢？

原来，它利用卫星装载的多光谱遥感器，获取地面物体辐射和反射的多种波段的电磁波信息，并把这些信息发送给地面站。地面站收到卫星的信号后，根据事先掌握的各类物质波谱特性，对这些信息进行处理、判读，从而获得各类资源的特征、分布和状态等资料。

地面上所有物体都在有规律地反射、吸收和辐射电磁波。每种物体在不同光谱频段下的反射是不同的，掌握了物体的这种光谱秘密，再利用卫星上遥感器所测到的信息，一一加以对比，我们就可以免去实地探测之苦而知其全貌了。

▲资源卫星信号塔

## 资源卫星的分类

资源卫星一般分为两类：陆地资源卫星和海洋资源卫星。它们都运行在太阳同步轨道上，能观测地球的任何区域，同时每天同一时刻飞临某个地区，实现定时探测。

世界上第一颗陆地资源卫星和第一颗海洋资源卫星，都是由美国于1972年7月和1978年6月分别发射的。

中国从1999年起，已经有了自己的陆地和海洋资源卫星，它们正在为国民经济建设做出重要贡献。

# 人造卫星

## 人造卫星的分类

人造卫星是个"兴旺的家族",如果按用途分,它可分为三大类:科学卫星、技术试验卫星和应用卫星。

科学卫星是用于科学探测和研究的卫星,主要包括空间物理探测卫星和天文卫星,用来研究高层大气、地球辐射带、地球磁层、宇宙线、太阳辐射等,并可以观测其他星体。

技术试验卫星是进行新技术试验或为应用卫星进行试验的卫星。航天技术中有很多新原理、新材料、新仪器,其能否使用必须在天上进行试验;一种新卫星的性能如何,也只有把它发射到天上去实际"锻炼",试验成功后才能应用;人类上天之前必须先进行动物试验……这些都是技术试验卫星的使命。

应用卫星是直接为人类服务的卫星,它的种类最多、数量最大,包括通信卫星、气象卫星、侦察卫星、导航卫星、测地卫星、地球资源卫星、截击卫星等。

## 人造卫星的几种运行轨道

所有的人造卫星绕地球运行的轨道,都是一条封闭的曲线。这条封闭曲线所形成的平面被称为轨道平面,它总是通过地球的地心。那么,人造卫星有几种不同的运行轨道呢?

人造卫星的轨道按离地面的高度分,有低轨道(600千米以下)、中轨道(600千米至3 000千米)和高轨道(3 000千米以上);按形状分,有圆轨道和椭圆轨道;按飞行方向分,有顺行轨道(与地球自转方向相同)、逆行轨道(与地球自转方向相反)、赤道轨道(在赤道上空绕地球飞行)和极轨道(经过地球南极上空)。

## 人造卫星运行的规律

人造卫星的运行轨道,严格遵循开普勒行星运动的三大定律:卫星轨道为一个椭圆,地球在椭圆的一个焦点上;卫星在椭圆轨道上绕地球运行的速度是变化的,离地球最远的时候最慢,离地球最近时最快;卫星运行的周期只与轨道的半长轴大小有关,且与半长轴的二分之三次方成正比。

当然,人造卫星的轨道并非绝对符合开普勒定律,它远比理论上更复杂。这是因为地球实际上并不是真正的球形,另外还存在大气阻力、太阳辐射压力等影响,这就免不了要对卫星运行轨道时时加以跟踪并进行调整。

# 火箭为什么能在太空中飞行？

火箭是载人航天的必备条件，在追寻载人航天踪迹的时候，不能不从火箭开始。

火箭无疑称得上是庞然大物，但它却能腾空而起，在太空中飞行！

原来，火箭在向前飞行时，其中所装载的大量燃烧剂和氧化剂会在燃烧室内迅速燃烧，然后产生大量的高温高压气体，并以每秒数千米的速度向后急速喷出。火箭喷出的气体向后推动空气，空气就会给火箭以大小相同的反作用力推动火箭前进。这个物理过程与空气无关，所以即使是在没有空气的宇宙空间，火箭也会照样高速飞行。

## 火箭的类型

用于运载航天器的火箭叫航天运载火箭，用于运载军用炸弹的叫火箭武器（无控制）或导弹（有控制）。

航天运载火箭一般由动力系统、控制系统和结构系统组成，有的还有遥测、安全自毁和其他附加系统。

目前常用的运载火箭按其所用的推进剂来分，可分为固体火箭、液体火箭和固液混合型火箭三种类型。例如：我国的"长征三号"运载火箭是一种三级液体火箭；"长征一号"运载火箭则是一种固液混合型的三级火箭，其第一级、第二级是液体火箭，第三级是固体火箭；美国的"飞马座"运载火箭则是一种三级固体火箭。

如按级数来分，运载火箭又可分为单级火箭、多级火箭。其中多级火箭按级与级之间的连接形式来分，又可分为串联型、并联型（俗称捆绑式）、串并联混合型三种类型。

苏联发射世界上第一颗人造地球卫星的"卫星号"运载火箭，就在中间芯级火箭的周围又捆绑了4枚火箭。发射世界第一颗人造地球卫星的"卫星号"运载火箭为一级半火箭，而不称它为两级火箭。我国的"长征二号"E运载火箭则是一枚串并联混合型的两级半火箭，其第一级火箭周围捆绑了4枚助推器，在第一级火箭上面又串联了一枚第二级火箭。

## 火箭技术

火箭技术是一项十分复杂的综合性技术，主要包括火箭推进技术、总体设计技术、火箭结构技术、控制和制导技术、计划管理技术、可靠性和质量控制技术、试验技术，对导弹来说还有弹头制导和控制、突防、再入防热、核加固和小型化等弹头技术。

# 火箭分级与火箭垂直发射

在很长一段时间里，科学界都一致认定：火箭这样一个笨重的庞然大物根本不可能被送上月球。直到有人提出"分级火箭"的思想，科学家才豁然开朗。那么，火箭为什么要分级呢？

火箭的分级制造有利于不断减轻火箭的负荷，提高火箭的最终速度。在使用时，总是让第一级火箭先燃烧，第一级火箭燃尽了全部推进剂之后，就丢弃第一级火箭并点燃第二级火箭……

当然，级数过多，每级火箭之间的连接和分离部分也要相应增多，这也会影响火箭的整体速度，并有一些复杂的技术性问题。

目前，在发射人造地球卫星时，一般采用二级或三级火箭，而发射飞向太阳系的宇宙飞船时，往往采用末级火箭，即宇宙飞船本身。

## 火箭垂直发射

火箭是把卫星和飞船送上太空的头号功臣，我们在观看火箭发射时，总是发现火箭在脱离固定架的约束后会笔直地飞向太空。

火箭发射的准备工作包括：把火箭垂直地安装在发射台上，借助勤务塔、脐带塔和管、线接头将地面电缆、气液管路与火箭和有效载荷连接；对火箭和有效载荷进行各分系统检测和综合模拟试验，验证其技术性质和工作可靠性；为火箭（含航天器）加注推进剂和充灌压缩气体；最后将航天员送入航天器等待发射。

火箭发射采用垂直方式，考虑如下主要因素。

首先，火箭在点火后，会从尾部喷出高速、高压的燃气流，采用垂直发射可以避免倾斜的轨道造成的不稳定性。

其次，火箭在飞出大气层时会受到大气层的阻碍，而垂直发射有利于它迅速地穿越大气层，减少飞行速度的损失。

再次，垂直发射可以让火箭竖立在发射台上，方便火箭因为需要进行360°的移动，从而保证火箭系统的稳定性。

最后，垂直发射也便于推进剂的精确加注或泄出，而且发射时只要推力大于火箭的自身重力，火箭就能很顺利地升空。

因此，垂直发射对于火箭的发射成功而言是十分有利的。

▲运载火箭

# 橘红色的"黑匣子"

在空难发生后,"黑匣子"往往会为人们了解当时的情况提供极大的帮助,因此在所有的飞行器上几乎都配备有"黑匣子",但它真的是个黑色的盒子吗?

"黑匣子"主要指的是用来记录飞行数据,并且能够发出信号的"飞行数据记录仪",宇宙飞船和卫星上都安装有这种电子设备。

如果你认为"黑匣子"是黑色的,那你可就大错特错了。尽管被叫作"黑匣子",但航空记录仪实际上无一例外地都被漆成了明亮的橘红色。这种明亮显眼的颜色,以及记录仪外部的反射条带,都有助于事故调查员在飞机失事后很快地找到记录仪,特别是当飞机坠落在水上时。

"黑匣子"这一称呼的起源大概有三种可能性:一种是人们认为早期的记录仪是黑色的;另一种是认为飞机失事后起火燃烧而变黑;还有一种,也许是人们觉得它里面存储的东西对飞机事故的鉴定意义重大,实在是太神秘了,所以就给它起了这样一个神秘的名字——"黑匣子"。

## "黑匣子"的种类

"黑匣子"有两种:一种是飞行数据记录仪,记录飞行的一切资料,包括飞机的飞行速度、方向、高度、机舱压力等;另一种是舱声录音器,录有机务人员的声音。

## 神秘的"黑匣子"

飞机的飞行情况千变万化,影响飞行安全的因素更是错综复杂。事故经常发生在瞬间,当飞行员和乘客遇难的时候,事故的检查工作便会很困难了。

要了解事故是怎样发生的,就要了解失事瞬间和失事前的一段时间,飞机的飞行情况、机中设备和机件的工作情况、机上人员情况及外界发生了什么问题等,这就需要一种设备来记录这一段时间的情况,并在事后提供出来。于是20世纪50年代后期,记录飞行数据的"黑匣子"应运而生。

## "黑匣子"里能录下飞行器全程的声音吗?

"黑匣子"里能够记录舱内声音的装置叫"舱音录音器",上面能够记录飞机停止工作或失事坠毁前半小时内的通话和音响,当记录新的音响时,就将旧的(30分钟以前的)录音自动抹去。在事故检查中,它能帮助事故检查人员将机组人员的活动与飞机工作舱联系起来。事故检查人员有时也可通过录音鉴别和判断机件的工作情况,给人们提供分析研究的依据,以便对事故做出正确的结论。

# 从飞船起步的我国载人航天工程

在我国决定实施载人航天工程时,国际上已经有了先进的航天飞机。那么,我国为什么仍然选择从宇宙飞船起步呢?

这是根据我国国情确定的。航天飞机集中了所有高新技术,可以多次使用,不仅能载人,还能发射卫星,而宇宙飞船则不能重复使用。但航天飞机投入太大,重复使用时更换部件的花费同样不菲,而航空技术并非我们的优势。

相对来说,宇宙飞船的技术不是那么复杂,而且可靠性高。考虑到我国在运载火箭和应用卫星方面已拥有相当坚实的技术基础和丰富的研制经验,以及有可能借鉴国外研制载人宇宙飞船的经验,我国可一步到位研制第三代飞船——多人多舱的载人宇宙飞船。

载人航天不同于其他的航天活动,对于载人航天的意义和必要性国内外都曾进行过广泛的讨论。从经济效益上讲,创造最大经济效益的航天活动是各类不载人的应用卫星,其中通信卫星位居第一,地球资源卫星位居第二。而在资金的投入上,载人计划远远超过应用卫星,不论美国还是俄罗斯,载人航天所获得的经济效益都小得可怜。

那么中国发展载人航天还有没有必要?从社会发展的角度看,载人航天是人类的生产力、科学技术发展到一定阶段的必然产物,它体现的是人类的智慧和创造精神。开拓新的活动天地是人类的天性,冲破地球的生存局限并不是天方夜谭,日益紧张的地球资源、外太空的无尽诱惑,无不让人们梦想着冲出大气层。

另外,发展载人航天可以提高国家声望,从而增强民族自尊心、自信心和自豪感,增强民族凝聚力。

## 载人航天器

到目前为止,载人航天器共有宇宙飞船、航天飞机和空间站三种。其中,宇宙飞船以俄罗斯的"联盟"系列和中国的"神舟"系列为代表;航天飞机的使用则集中于美国;俄罗斯"和平号"空间站就是一个典型的多舱段空间站。由美国、俄罗斯等16国共同建造的"国际空间站"是一种更先进的多舱段空间站。

▲宇宙飞船

# 我国的卫星发射中心

"神舟"系列飞船的成功发射和返回,充分显示了我国的航天技术水平和实力,振奋了中华儿女的精神,使我国成为与美国和俄罗斯实力相当的航天大国。那么,你知道我国的卫星发射中心在什么地方吗?

我国有三大航天发射中心:酒泉卫星发射中心、西昌卫星发射中心、太原卫星发射中心。

酒泉卫星发射中心是科学卫星、技术试验卫星和运载火箭的发射试验基地之一,是中国建设的第一个卫星发射场。

西昌卫星发射中心是以发射地球静止卫星为主的航天发射基地,担负通信、广播、气象卫星等试验发射和应用发射任务。

太原卫星发射中心是中国试验卫星、应用卫星和运载火箭发射试验基地之一,具备多射向、多轨道、远射程和高精度测量的能力,担负太阳同步轨道气象、资源、通信等多种型号的中、低轨道卫星和运载火箭的发射任务。

## 发射中心曾进行过哪些发射?

酒泉卫星发射中心曾发射过中国制造的第一枚地地导弹、中国第一颗人造地球卫星、中国第一颗返回式卫星、中国第一枚远程运载火箭等。

西昌卫星发射中心曾发射过中国第一颗试验通信卫星、实用通信广播卫星及实用通信卫星,并于1990年将美国制造的"亚洲1号"通信卫星送入地球同步转移轨道。

太原卫星发射中心曾成功完成包括中近程、中远程、远程等各种类型的运载火箭等百次发射任务。

▲我国发射的火箭

# "神舟号"飞船为什么选在晚上发射？

我国的"神舟号"飞船的发射时间基本上都是凌晨和子夜。这是因为，航天发射是一项极其庞大、复杂的系统工程，飞船发射时要考虑各种可能影响发射的因素，然后在综合考虑判断的基础上，最终确定一个最佳时间段作为飞船发射的时机，这个时间段被称为"发射窗口"。在诸多因素中，气象因素往往是最关键、最直接的决定性因素。

"神舟号"飞船的发射窗口之所以选择在夜晚而不是白天，最重要的原因是夜晚飞船发射升空时，更便于地面的光学跟踪测量设备捕捉跟踪目标。在漆黑的夜空中，喷射着火焰向太空飞行的载有飞船的火箭非常显眼和突出。

## "神舟号"飞船为什么要变轨？

"神舟六号"飞船飞行到第5圈时，在地面指挥控制中心的控制下，由椭圆轨道转变为近圆轨道。在此前的"神舟二号"到"神舟五号"的4次飞行试验任务中也都对飞船实施了变轨。那么，"神舟号"飞船为什么要变轨呢？

飞船改变运行轨道主要是为了自主应急返回。飞船变为圆轨道后，第一、第三、第五天的运行轨迹基本是重复的，按照设计方案，在这种情况下，便于飞船返回主着陆场。同时，圆轨道的自主应急返回方案相对于椭圆轨道来说，要更加便于设计。在椭圆轨道上，高度和速度都有变化，每个点的数据差异比较大，返回时的方案设计较为困难。

飞船变轨由指挥控制中心向飞船发送指令，通过控制飞船上的发动机的工作时间修正飞船轨道，使原来的椭圆形接近圆形。

◀ 等待发射的"神舟号"飞船

▲ 运载"神舟五号"飞船的火箭点火发射

# 航天员为什么要穿航天服？

出舱活动航天服（航天员在太空行走时所穿的服装）是世界上结构最复杂、技术最先进、价格最昂贵的服装，如美国航天飞机航天员穿的出舱活动航天服，每套价值150万美元。那么，航天员为什么要穿航天服呢？

因为太空环境非常恶劣，航天服会将航天员的身体与太空恶劣环境隔离开，并向航天员提供氧气，保持大气压力，排出二氧化碳，维持舒适的温度和防止宇宙辐射的危害。

如果在太空不穿航天服，由于缺氧，航天员可能在15秒内丧失意识，又由于没有大气压力，航天员的血液和体液会像煮开的水一样"沸腾"，同时身体器官会向外鼓胀。

在太空中，如果在阳光下，温度高达120 ℃，如果在背阴处，温度又低至 –100 ℃；此外还有可怕的宇宙辐射，如果没有适当的防护，在受到大量辐射的情况下，航天员就会患放射病，甚至会危及生命。

## 现代的航天服

现代航天服由头盔、服装、手套和靴子组成。大致的结构是：航天员需穿上能够排出固体和液体的容器，类似一件装有管子的塑胶内裤；再穿上一件轻便的，能覆盖手、颈及脚趾的连体衣，衣内有通冷水的细管网（维持人体的正常温度，防止受到伤害）；衣服上装有心脏跳动测量器、体压控制器（控制航天服内的压力）、宇宙辐射探测仪和一些连接线路；航天服内层要达到地球环境，且空气流通，保证有压力的氧气不外泄；航天服外层有两层，由玻璃纤维制成，很重且阻燃，构成一个多功能外壳，防止航天员受到小陨石或撞击物的侵袭；最外层覆盖一层白色物质用以反射太阳光，防止航天服过热；手套是由树脂及合成橡胶制成的，里面保持正常压力，手掌处有强化金属，运用灵活；靴子通常与服装气密层连成整体；在用"高抗力"塑胶制成的头盔内部，有无线电设备和整件衣服的控制器；如果到太空中或上月球，需再穿上一双特制外鞋，鞋底是特殊塑料制成的，以防止高热度的伤害。

## 我国的航天服

我国的舱内航天服由三层组成：

一是限制层，它由耐高温、抗磨损材料制成，用来保护服装内层，限制气密层的膨胀。

二是气密层，用涂有丁基或氯丁橡胶的锦纶织物制成，有良好的气密性，以保持服装内的一定压力。

三是散热层，这一层上有许多管道，用来输送气流，通过气流在服装内的流动，带走人体代谢产生的热量。

# 航天员在太空中是如何行走的？

大家都知道，正是因为有了地球的引力作用，人类才不会飞出去，才能在地面上稳稳地行走。航天员挣脱了地球的引力，飞向了太空，那么航天员在太空中是如何行走的呢？

首先，航天员需要穿戴复杂庞大的舱外航天服。穿戴完毕，才能打开通往太空的门。没有重力，航天员在太空宛若漂浮于水中的鱼，稍加一点支撑力，便可以游来游去。他不仅不会前进，反而会滚起来，前滚翻、后滚翻，翻一串筋斗，想向前走，必须有一个支撑点加上外力。人在太空中行走千姿百态，在地板、天花板、舱壁上走都是如此。有一种特制的太空鞋，鞋底可连在地板三角空格上，走起来可固定人的身体。然而，大多数航天员都喜欢飞起来走路，既安全又潇洒。

## 第一位在太空"行走"的航天员：阿列克塞·列昂诺夫

1965年3月18日，苏联"上升2号"宇宙飞船进入地球轨道绕地飞行。格林威治时间8时30分，航天员列昂诺夫在检查了自己特制的航天服和安全带后，打开飞船密闭舱，进入了太空。

列昂诺夫悬浮在太空中，翻了几个空翻，又做了几个体操动作，完成得轻松自如。他在太空停留了24分钟，自由漂浮了12分钟，完成了人类历史上第一次太空行走。

## 太空失重现象

地球上的一切物体都会受到地球万有引力的吸引，也就是物理学上所说的地球重力。但是，在太空中由于飞行器远离地球和其他星球，不再受地球引力作用，自然就处于失重状态了。

## 航天员在太空中的生活环境

航天员在太空中生活在智能化的密封舱内，舱内可以自动调节温度、湿度、气压及空气成分，而且可以使空气不断地流动，还能将废气、废水等重新处理。舱壁上装饰有天花板和地板，这样航天员就会感觉在这里与在地面上一样，有上下、左右、前后之分。另外，通过广播、电视通信设备，航天员可以收看地面上的电视频道，可以与地面中心及家人通话、视频，甚至联欢。

## 航天员在太空中可以洗澡吗？

洗澡对于在地面上的人来说，是再普通不过的一件事情了。但是这看似平常的事情，对于太空中的航天员来说却是一件很困难的事。

航天员在太空洗一次澡要花费不少时间，光是准备工作就需要好几个小时。

淋浴前，先跨进一个圆环中，然后拉起圆环，把圆环固定在天花板上，人就完全被罩在里面。

打开水龙头前，航天员必须把双脚固定好，还要戴好呼吸罩和护目器。

这些准备工作完毕后就可以打开喷头，水珠便流到布筒上和身上，然后四处飘飞。由于水是定量供给的，航天员擦身时必须关上喷头，擦好后再用剩下的水冲洗。

洗过澡的污水不会自动往下流，需要开动水泵把水连同空气一起抽走，附在布筒上的水球要用吸尘器一点一点吸走。洗澡只需15分钟，可是清理污水大约要1个小时。

准备洗澡的航天员

### 太空刷牙、刮胡子

太空刷牙不用牙刷，航天员只是拿块湿布包在手指上，代替牙刷。航天员使用的牙膏是特制的，刷完之后，就要将牙膏咽到肚子里，不然牙膏就会在舱里乱飞。

航天员刮胡子不能用电动刮刀，否则胡须渣会变成粉末在机舱里四处飘舞，造成污染。

### 太空游客

2001年4月30日，第一位太空游客，美国人蒂托快乐地进入国际空间站，开始了他为期一周的太空观光生活。

2002年4月27日，莫斯科时间11时57分（北京时间15时57分），俄罗斯"联盟TM-34号"宇宙飞船与国际空间站对接，飞船上的沙特尔沃斯成为人类历史上第二位商业太空游客，也是全世界第一位进入太空的非洲人。

2003年，第三位太空游客，美国富翁格雷戈里·奥尔森搭乘"联盟"飞船升空。10月11日奥尔森在国际空间站上逗留近8天后，正式与空间站告别，开始全速返回地面。

太空旅游的开辟使得普通人也能够像航天员一样畅游星际。

# 长高的太空航天员

在失重的太空环境下,航天员的身高会增加2厘米至3厘米。你知道这是为什么吗?

因为脊柱是人体的"立柱",人们通过它保持直立的姿态,它还承受着人体的主要重量。

脊柱由33个脊椎体组成,椎体之间还有椎间盘起到保护和缓冲的作用。人们在地面正常重力条件下,由于体重,椎间盘有一定的压缩量。但是在太空失重条件下,椎体间这种体重对椎间盘的压力消失了,椎间盘的压缩得以释放,椎体间的间距有所增加,这就导致了失重条件下人体身高会增加2厘米至3厘米。

返回地面恢复至正常重力环境后,航天员的身高就会恢复到原有水平。

## 人类身高的增长规律

据统计,新生儿在出生后3个月内身高增长最快,每月长3厘米至3.5厘米,共约10厘米;4月至6月每月平均增长2厘米;6个月以后每月平均增长1.5厘米。故新生儿出生后第一年身高共增长25厘米,1岁时身高大约为75厘米,为出生时的1.5倍。

1岁后的身高增长速度逐渐下降,2岁以后更慢,每年增长5厘米左右,4岁时的身高约为出生时的2倍,5岁左右增长稍慢,至青春前期增长又较快,13岁至14岁时约为出生时身高的3倍,青春期终末(女约18岁,男约20岁)生长基本停止。

## 增高手术

增高手术学名肢体延长术,是一种增加人的肢体长度的外科手术。

肢体由骨骼、肌肉、神经、血管、皮肤等结构组成,要使肢体长度增加,必须使这些结构的长度都增加。其中骨骼的作用最重要,延长也比较困难。医生经常采用的方法是,通过手术将骨骼切断,在两端穿入若干钢针或钢钉,并引出体外,连接于体外的固定架。

在术后,每调整在体外的固定架的螺栓,使其向相反的方向牵拉断骨两端,使断骨之间产生空隙并逐渐分离。新生骨骼不断长入空隙之中并转化为成熟的骨骼,经过一段时间骨骼就被延长了。肌肉、神经、血管、皮肤等软组织也随之延长。

增高手术存在着一定的危险,想通过手术达到长高目的的人们一定要小心谨慎,以免造成严重后果。

# 航天员在太空中看上去为何会发胖？

通过卫星，我们可以看到航天员在太空上的样子，也许你已经注意到了，航天员在太空中看上去有些胖，这是为什么呢？

航天员相貌不会出现很明显的改变，只是会有一些局部的变化，引起航天员身体外观变化的主要原因是失重。

在失重条件下，所有重力性的血液压力梯度消失，血液从腿部向头部转移和再分配。同时体液分布也发生相应的变化，导致人的头部血管充盈增加，头面部出现一定程度的肿胀，腿部容积减少，出现"头重脚轻"的现象，这种现象被称为"月亮脸"。

因此，航天员脸部显得很丰满，富于光泽，看上去似乎变胖了。

事实上，由于太空失重的影响，航天员的人体肌肉质量会有所下降，加上体液丢失，多数航天员飞行后体重会减轻3%~4%。

## 艰苦的训练

为了适应太空环境，航天员要接受"卧床"训练，头倒立-6°，一练就是20天，来体验头朝下的血液倒流的状态，而且吃喝拉撒都必须保持此种状态。

此外还有"转床"训练，整个身体倾斜-45°，每天训练两小时，12天为一个周期。

在这种艰苦的训练下，加上身上的航天服重40多斤，航天员每次训练完都会掉3斤以上的体重，衣服能拧出几斤的汗水。

## 经常"失败"的太空方便

根据美国和俄罗斯航天员的经验，在无重力的环境里人体内的肠子漂浮着，内脏并不能正常工作，许多人从太空马桶上下来时常喃喃自语："又失败了。"

我国科学家在"神舟六号"飞船上安装了自行研制的太空马桶。航天员需要方便时，只需要将马桶上的塑料软管紧贴到排泄器官上，马桶内的抽气设备就会把大小便收集到一个固定的容器里。

需要注意的是，在太空中放屁也得小心，因为其反作用力可能会把人推走。屁中的氢和甲烷等成分还是可燃气体，严重时可引起爆炸，因此必要的时候最好到厕所里解决，看来在太空里只好忍一忍了。

# 航天员能否在天上和家人通话？

如今，手机的发明使通信不再受时间和空间的限制了。那么，航天员在遨游太空时，能否在天上和家人通话？

航天员可以利用飞船上安装的特有的无线电通信设备和电视传输设备和家人通话。

飞船上每个航天员的头盔上及生活舱内，都配备接收器（耳机）和送话器（话筒）及传送、记录设备，在飞船飞行的各个阶段都可以进行航天员之间的通话交谈。这种交谈除当事人能听到外，还要记录在飞船的记录器上，同时送到地面，使地面指挥人员知道他们在说什么，以便随时了解和掌握情况。此外，航天员与指挥中心通话，还可以向地面报告飞船的工作状态和他们自己对问题的分析意见、身体状况和感觉，请求完成某些动作或请求返回等，然后接受地面的命令。

## 太空对话

2003年，美国当地时间10月15日，正在国际空间站上居留的美国华裔航天员卢杰，用汉语向首次进入太空的中国航天员杨利伟致以问候："欢迎到太空来！""一路平安、愿你成功！"在美国宇航局电视频道播放的录像画面上，卢杰和俄罗斯航天员尤里·马连琴科轮流拿着麦克风，祝贺中国首次载人航天飞行。"我们首先要表示祝贺，"卢杰说，"这是一件了不起的事情，是一项伟大的成就。"尤里·马连琴科表示："我很高兴，太空中除我和爱德华（卢杰的英文名）外又多了其他的人。我知道中国有长城，我向所有中国人道贺。"

当天早些时候，位于美国休斯敦的地面控制中心正式向卢杰等通报了中国成功发射载人飞船的消息。美国宇航局专门公布了卢杰和地面飞行联络员福萨姆之间就此进行的通话录音。

福萨姆说："我们有一个真正令人兴奋的新闻要与你们分享。中国作为新成员已加入载人飞行国家的行列。这是世界上第三个国家。一个新国家。""太好了。这实在是一个好消息。"卢杰回答道。

福萨姆接着介绍说，中国太空人杨利伟绕地球进行14圈飞行，"俄罗斯、美国将要和中国一起分享太空了。"

## 不同寻常的生日

2005年10月13日，这是一个不同寻常的日子，聂海胜将在太空度过他的41岁生日，成为首个在太空中过生日的中国人。12日，在与家人进行天地对话时，聂海胜的女儿聂天翔突然唱起："祝你生日快乐，祝你生日快乐……"全场响起一片掌声。

# 刺激的太空之旅

能上天几乎是每个人的梦想,但并不是人人都能实现,目前只有屈指可数的几个人上过天。那么,航天员往返时究竟是什么样的感觉?是否像坐过山车一样刺激呢?

航天飞机起飞时,航天员不会感到非常明显的加速度,而是与飞机起飞时的感觉差不多。火箭推动器内的燃料不是均匀地燃烧的,推进过程中颠簸得厉害,整个座舱就像汽车以最大速度在鹅卵石路上飞驰一样颠簸不停。噪声消失后,航天员还要经历进入预定轨道而导致的失重。

返回时,先是返回舱重返大气层,穿越黑障区(距地面30千米到80千米)时,高速进入大气的返回舱会与大气摩擦,然后航天员会通过舱窗目睹返回舱外壁特设的热防护层熊熊燃烧,这比坐过山车要刺激得多。

## 不幸的升空,不幸的返回

1986年1月28日上午,美国航天飞机"挑战者号"从佛罗里达州卡纳维拉尔角肯尼迪航天中心的发射架上升空,73秒钟后突然爆炸,价值12亿美元的航天飞机被炸成碎片坠入大西洋,7名机组人员全部遇难。

2003年1月16日,"哥伦比亚号"进行了它的第28次飞行,这也是美国航天飞机22年来的第113次飞行。

2月1日,载有7名航天员的美国"哥伦比亚号"航天飞机在结束了为期16天的太空任务之后,返回地球,但在着陆前发生意外,航天飞机解体坠毁,机上7名航天员全部罹难。

▼ "哥伦比亚号"遇难的7位工作人员

# 航天食品

人们一般把在太空执行任务和返回着陆等待救援期间,供航天员食用的食品和饮水称为航天食品,它重量轻、体积小、营养好。

为了方便航天员在太空失重条件下进食,防止食物在飞船舱内四处漂浮,人们把航天食品加工成一口大小,并且食品包装内没有流动的汤汁,也就是"一口吃"食品。

为了减轻飞船舱内的废物收集系统的负担,航天食品都不含残渣,如骨、皮、核等。

## 特殊要求

吃饭、喝水对于生活在地球上的人来说,是最平常不过的事。然而,在太空失重的环境下,航天员的饮食就显得复杂而奇妙。那么,航天食品有什么特殊要求呢?

首先就是要确保安全,不能发生任何食源性疾病和食物中毒。

其次航天食品及包装必须能经受住航天特殊环境因素的影响,如冲击、振动、加速度等的考验而不失效。

最后,航天食品还必须符合失重条件下航天员生理改变的要求。航天飞行导致航天员骨钙丢失、肌肉萎缩、红细胞减少等,那么食品就要提供充足的优质蛋白质和钙,以及适宜的钙磷比例和维生素D;飞行初期航天食品的脂肪量不宜太高,以免加重空间运动病的症状;为防止心血管系统功能失调,就要限制航天食品中钠的供给,保证钾的供给;等等。

## "神舟六号"的航天食品

在"神舟六号"航天员的"菜单"中,有各种罐头、复水食品、冻干水果、调味品等四五十种食品可供选择,每顿饭都有三四个菜,还搭配着小吃、开胃小菜等。

"神舟六号"的航天食品不仅有充饥食品,还有救生专用的救生食品。有一种食品是在-200℃冷冻后干燥制成的,它的样子非常轻薄,这种食品就是"复水食品",米饭、面条、蔬菜、果汁饮料、速溶茶甚至冰淇淋都可以制成复水食品,吃的时候在一个小开口里加入纯净水,食品就能"复原"了。

另外,我国航天食品中还有两类比较特殊的食品:一类是调味品,如我国研制的小包装辣椒酱、番茄酱等,是很有特色的;另一类是保健食品。

## 航天员在太空能看到什么？

并非人人都有机会飞上太空，因此人们对神秘的太空都感到非常好奇。那么，你知道航天员在太空中能看到什么吗？

没有大气层遮住太空望远镜的镜头，在太空中看星星，星星颗颗明亮清晰，不会有星星的闪烁。

看日出时，看不到太阳喷薄而出的那一刻；看日落时，可以看到太阳发出的白光，以及它准确的位置。

看月亮更有趣：白天，月亮呈浅浅的蓝色，非常漂亮；夜晚，月亮看上去比在地球上亮得多，仿佛是它自己在发光。

从太空看地球，真是漂亮极了！

白天，地球大部分是浅蓝色的，而中国的青藏高原地带为一片绿色，阿拉伯大沙漠呈现褐色，撒哈拉大沙漠又是另一种褐色。

从太空看喜马拉雅山清晰可见，甚至分得出哪里是森林、湖泊，哪里是平原和溪流。

### 航天员看日全食

在人类探索太空的历史上，航天员从太空看日全食只有几次。1966年，执行"双子星"任务的航天员特别改变轨道，在东太平洋上空看到了完整的日全食。1999年，俄罗斯"和平号"空间站在从欧洲上空飞过时，航天员看到了日全食发生时月球投射在地球上的影子。2003年，美国宇航局的一颗卫星拍到了一张漂亮的地球上的月影照片。2004年，国际空间站上的航天员也有幸看到了"月球影子"。

国际空间站并不在日全食的直接路径上，所以在空间站里工作的美国航天员比尔·麦克阿瑟和俄罗斯航天员瓦莱里·托卡列夫看不到太阳完全被月球掩住的样子，但他们可以在轨道上清晰地目睹这一天文现象。当日全食发生时，国际空间站正位于靠近非洲海岸的地中海上空。

### 在月球上能看到地球上的人造物体吗？

月球距离地球实在是太遥远了，因此在月球上是绝对看不到任何地球上的人造物体的。

有些人把太空跟月球等同起来，这是一种谬误。

# 宇宙的起源

宇宙是指广袤的空间和其中存在的各种天体及弥漫物质的总称。宇宙自古以来一直是人类最感兴趣和不懈探索的问题。历史上曾经出现过各种各样的神话传说，那么你知道宇宙是如何起源的吗？

宇宙是物质世界，它处于不断的运动和发展中。大爆炸宇宙学说的主要观点是我们的宇宙曾有段从热到冷的演化史。

在这个时期里，宇宙体系并不是静止的，而是在不断地膨胀，使物质密度从密到稀地演化。这从热到冷、从密到稀的过程如同一次规模巨大的爆发。

宇宙间的物质主要是质子、电子、光子和一些比较轻的原子核。当温度降到几千度时，辐射减退。宇宙间主要是气态物质，气体逐渐凝聚成气云，再进一步形成各种各样的恒星体系，就形成我们今天看到的宇宙。

## 宇宙诞生前后

宇宙诞生之前，没有时间，没有空间，也没有物质和能量。大约150亿年前，在这四大皆空的"无"中，一个体积无限小的点爆炸了。时空从这一刻开始，物质和能量也由此产生，这就是宇宙创生的大爆炸。

刚刚诞生的宇宙是炽热、致密的，随着宇宙的迅速膨胀，其温度迅速下降。最初的1秒钟过后，宇宙的温度降到约100亿摄氏度，这时的宇宙是由质子、中子和电子形成的一锅"基本粒子汤"。随着这锅汤继续变冷，核反应开始发生，生成各种元素。这些物质的微粒相互吸引、融合，形成越来越大的团块，并逐渐演化成星系，在个别天体上还出现了生命现象。然后，能够认识宇宙的人类终于诞生了。

▼美丽绚烂的银河系

## 宇宙最冷的地方

1997年美国和瑞典的天文学家发现，恒星死亡前喷发出的气体形成的"飞镖"星云，是迄今所知宇宙中最冷的地方，那里的温度低于-270℃。

即将死亡的恒星坍塌成为矮星之前，会释放大量的气体和尘埃，形成"飞镖"星云。

目前，除了实验室取得的人造低温，在自然界中从未发现过比"飞镖"星云温度更低的地方。

# 黑洞

黑洞说它"黑",是指它就像宇宙中的无底洞。任何物质一旦掉进去,"似乎"就再不能逃出。那么你知道黑洞是怎样形成的吗?

当一颗恒星衰老时,它的热核反应已经耗尽了中心的燃料(氢),它再也没有足够的力量来承担外壳巨大的重量了。所以在外壳的重压之下,核心开始坍缩,质量小些的恒星主要演化成白矮星,质量较大的形成中子星。而根据科学家的计算,中子星的总质量不能大于太阳质量的3倍。如果超过了这个值,就可能引发另一次大坍缩。

根据科学家的猜想,物质将不可阻挡地向着中心点进军,直至成为一个体积趋于零、密度趋向无限大的"点"。而当它的半径收缩到一定程度时,巨大的引力就使得光也无法向外射出,从而切断了恒星与外界的一切联系,"黑洞"也就诞生了。

## 什么都"吃"的怪兽黑洞

在茫茫宇宙中,黑洞就像一头饥饿的雄狮,什么东西都"吃"。它张开血盆大口,吞噬一切物体,如原子、尘埃、恒星等,甚至连光都无法摆脱被吞噬的命运。任何物体,只要靠近黑洞,就会被它无情地吞下去,消失得无影无踪,仿佛掉进了无底深渊。

## 黑洞的"隐身术"

光走的不是直线,而是曲线。在地球上,由于引力场作用很小,这种弯曲是微乎其微的,所以我们说"光是沿直线传播的"。而在黑洞周围,空间的这种变形非常大。即使是被黑洞挡着的恒星发出的光,虽然有部分会落入黑洞中消失,另一部分光线仍会通过弯曲的空间绕过黑洞到达地球,就像黑洞不存在一样。

▲张着血盆大口的黑洞

▲衰老的恒星

# 白洞

众所周知，黑洞是一种极为奇特的天体，它能够把包括光线在内的一切物质都吸入自己的体内。那么，白洞是什么呢？

在爱因斯坦的广义相对论中预言了两种天体，一种是人们早已熟知的黑洞，另一种则是人们比较陌生的白洞。

科学家们猜想：白洞也有一种与黑洞类似的封闭的边界，但与黑洞不同，白洞内部的物质和各种辐射只能经边界向边界外部运动，而白洞外部的物质和辐射却不能进入其内部。形象地说，白洞就好像一个不断向外喷射物质和能量的源泉，它向外界提供物质和能量，却不吸收外部的物质和能量。

目前白洞还只是一种理论模型，尚未被实际的观测所证实。

## 最新结论

不过，最新的研究可能会得出一个令人兴奋的结论，即"白洞"很可能就是"黑洞"本身！也就是说黑洞在这一端吸收物质，而在另一端喷射物质，就像一个巨大的时空隧道。

科学家最近证明了黑洞其实有可能向外发射能量。而根据现代物理理论，能量和质量是可以互相转化的。这就从理论上预言了"黑洞白洞一体化"的可能。

要彻底弄清楚黑洞和白洞的奥秘，现在还为时过早。但是，科学家每前进一步，所取得的成绩都让人激动不已。我们相信，打开宇宙之谜大门的钥匙就藏在神秘的黑洞和白洞身后。

## 相对论

相对论是关于物质运动与时间空间关系的理论。它是现代物理学的理论基础之一，是20世纪初由爱因斯坦等在总结实验事实的基础上建立和发展起来的。在这之前，人们根据经典时空观（集中表现为伽利略变换）解释光的传播等问题，导致一系列尖锐的矛盾。相对论针对这些问题，建立了物理学中新的时空观和高速物体的运动规律，对此后物理学的发展有重大作用。

▲宇宙黑洞

▲假设的白洞理论

# "太空海啸"

海啸对于人们来说是个既熟悉又神秘的名字。说它熟悉，是因为海啸是一种严重的自然灾害；说它神秘，是因为太空中既没有水，更没有海，又怎么会有"海啸"呢？

这里要说的"太空海啸"，只是一种形象的比喻。"太空海啸"是指太空中偶尔出现的万有引力波的激烈变化。

早在 17 世纪，英国科学家牛顿发现了万有引力。20 世纪，科学家爱因斯坦又发展了牛顿理论，指出宇宙空间充满着用普通仪器难以检测的宇宙波——万有引力波。

天文学家发现，影响地球的万有引力波，有时会受到一种莫明其妙的波动力的干扰。当这种波动力出现时，行星之间的正常引力就会发生很大变化。

▶航天器

科学家把存在于茫茫宇宙中的万有引力波比作大海中的波浪，于是这偶尔出现的未知原因的波动力，就好比是海洋中骤然出现的海啸了。

## "太空海啸"带来的影响

地球上的地震、火山喷发、山崩地裂、大气扰动，都可能受这双神秘的"手"的操纵。

对于我们人类的太空开发活动，它会带来什么负面影响，我们尚难以断定，但它可能会影响航天器的飞行轨道，还可能影响未来太空工厂的正常运作等。

▲火山喷发

# 为什么不能向太空移民？

宇宙深邃，太空缥缈，令人神往。古今中外，多少人期望移居到美妙的"天上人间"。那么，你知道为什么目前尚不能向太空移民吗？

照目前人口增长速度计算，地球人口越来越多，迟早会不堪重负。科学家很早就提出了向宇宙其他星球移民的设想，但要想实施困难重重。

首先，人类及动植物经过漫长的演化，才逐步适应了地球上的生存环境。如果移民到太空去生活，生存环境截然不同，人类将很难长期生存。

其次，太空安全问题。人类在太空中居住，如果遇到流星袭击怎么办？要知道那时空气就会逃逸，而人类及动物如果缺乏空气，将无法生存。

最后，人类若要在太空建造人类生活区，将会耗资巨大，而且以目前的科技水平也难以实现。因此，人类要移民太空还有待科学的进一步发展。

## 太空城

由于人口急剧膨胀，地球变得拥挤，科学家提出了建立太空城的设想。设计方案是轮状的、中心旋转的太空城，太空城的直径为2 800米，轮圈本身的直径为300米，轮的外缘是太空城的地面，内缘是太空城的顶部，"屋顶"由透明材料做成天窗，阳光从天窗射进来，可使太空城明亮且温暖如春。

## 太空港

过去人们设想，在21世纪初，人类将在近地轨道、月球和火星轨道，以及在地月系中的自由点上陆续建成空间港，作为空间客运的转运站。其间将有巡天飞船常年巡回飞行，又有转运飞船像驳船一样在空间港与巡天飞船之间接送货物和人员。当近地空间港和火星空间港建成后，便形成一个完整的航天运输网络。人类如要长期在月球、火星和空间港上工作、生活、定居，必须不依赖于地球而开发完全能自给自足的生物圈，并建成初期前哨站和基地，形成开发太阳系的完整系统。

## 太空加油站

美国伊利诺伊大学核工程学专家预测，今后在太空飞行的航天器将可以在月球和木星上的聚变燃料加油站灌满油箱。因为聚变燃料不仅可作为太空飞行器的动力，也可作为轨道航天器站的动力。木星和月球上有大量可用于核聚变的元素，如氘和氦。月球上将建造第一个加油站，为航天器飞往火星途中"接力"。

▲想象中的"太空城"

# 太阳系的成员

太阳系和银河系一样，都是由许多成员共同组成的。那么，太阳系是由哪些成员组成的呢？

太阳系的成员除了太阳，还有以下几类成员：一是行星和小行星，它们的质量比太阳小得多，本身不发射可见光，只是因其表面反射太阳光而发亮。二是卫星，卫星是围绕行星运行的天体，质量也不大，月球就是地球的卫星。太阳系的八大行星，除了水星和金星都有卫星围绕。三是彗星，它是在扁长轨道上绕太阳运行的一种质量很小的天体，具有云雾状的独特外貌，人们已发现绕太阳运行的彗星有1 600多颗。四是流星体，它是行星际空间的尘粒和固体小块，为数众多。五是行星际物质，其中分布着极其稀薄的气体和极少量的尘埃。

在这个家族中，离太阳最近的行星是水星，向外依次是金星、地球、火星、木星、土星、天王星、海王星。它们当中，在地球上肉眼能看到的只有五颗，对这五颗星，各国命名不同。我国古代有五行学说，因此便用金、木、水、火、土这五行来分别把它们命名为金星、木星、水星、火星和土星，并不是因为水星上有水，木星上有树木才这样称呼的。而欧洲呢，则是用罗马神话人物的名字来称呼它们。

近代发现的两颗远日行星，西方按照用神话人物名字命名的传统，以天空之神、海洋之神的名称来称呼它们，在中文里便相应译为天王星、海王星。

八大行星与太阳按体积由大到小排序为太阳、木星、土星、天王星、海王星、地球、金星、火星、水星。

它们按质量、大小、化学组成，以及和太阳之间的距离等标准，大致可以分为三类：类地行星（水星、金星、地球、火星）、巨行星（木星、土星）、远日行星（天王星、海王星）。它们在公转时有共面性、同向性、近圆性的特征。在火星与木星之间存在着数十万颗大小不等、形状各异的小行星，天文学把这个区域称为小行星带。

除此以外，太阳系还包括许许多多的彗星和不计其数的天外来客——流星。

**太阳系里有哪些天体？**

太阳系中有八大行星，它们依次是：水星、金星、地球、火星、木星、土星、天王星和海王星。另外，太阳系里还有许多小行星、彗星和流星，其中已经正式编号的小行星有2 958颗，而最著名的彗星要数哈雷彗星。

# 为什么将冥王星踢出九大行星之列？

1930年，美国天文学家汤博发现冥王星，当时错估了冥王星的质量，以为冥王星比地球还大，所以将它定为大行星，从而使它顺利成为太阳系行星家族的第九位成员。然而，经过近30年的进一步观测，发现它的直径只有2 300千米，比月球还要小。等到冥王星的大小被确认时，"冥王星是大行星"早已被写入教科书，因此天文学界在此后很长时间里对这一失误选择睁一只眼闭一只眼。

2005年，加州理工学院天文学家迈克尔·布朗发现了比冥王星还大的天体"齐娜"，这是自1846年海王星被发现以来，人类在太阳系中发现的最大天体。

从此，关于冥王星地位的问题越发成为人们争论的话题。冥王星难以与目前太阳系中其余八大行星相比，甚至还不及"齐娜"（"齐娜"直径约为2 400千米，比冥王星直径大）。如果"齐娜"都不能算太阳系行星家族的一员，那冥王星还凭什么被称为九大行星之一？

2006年8月24日，第26届国际天文学联合会做出了将冥王星从太阳系九大行星行列中开除的决定，人们所熟知的天文学基础知识被重新梳理。不过，经典的行星依旧还是原来的8颗，这才是真正的太阳系大行星，而冥王星被列为矮行星。

## 行星和矮行星

"行星"指的是围绕太阳运转、自身引力足以克服其刚体力而使天体呈圆球状，并且能够清除其轨道附近其他物体的天体。这些天体包括水星、金星、地球、火星、木星、土星、天王星和海王星，它们都是在1900年以前被发现的。

而同样具有足够质量、呈圆球形，但不能清除其轨道附近其他物体的天体称为"矮行星"，冥王星就是一颗"矮行星"。其他围绕太阳运转但不符合上述条件的物体被统称为"太阳系小天体"。

## 解密冥王星

冥王星最近20年间和太阳的距离比海王星还近，从发现它到现在，人们只看到它在轨道上走了不到1/4圈，因此过去对其知之甚少。

冥王星的质量很小，甚至在卫星世界中它也只能排在第七、第八位左右。冥王星的表面温度很低，因而它上面绝大多数物质只能是固态或液态的，即其冰幔特别厚，只有氢、氦、氖可以保持气态，如果上面有大气的话也只能由这三种元素组成。

# 太阳的年纪

大约在50亿年前，一个被称为"原始太阳星云"的星际尘云，开始溃缩，它的体积越缩越小，核心的温度也越来越高，密度也越来越大。当体积缩小百万倍后，便成为一颗原始恒星，其核心区域温度也升高至1 000万摄氏度左右。发生了爆炸反应，这时太阳就诞生了。

时至今日，太阳已经50亿岁了。也许你会担心，太阳这么大了，它还会为人类发光多久呢？

太阳能燃烧多久，曾是科学上的一个谜。20世纪，随着科学的发展，原子物理学揭示了太阳释放能量的本质。原来，太阳及天上所有的恒星都在用聚变原子能，氢元素是宇宙中最普通的物质。太阳上现在还有很多氢气正在聚变成为氦，太阳自己的引力将聚合氢原子的过程集中起来，在太阳中心温度高达1 500万摄氏度时，氢就可聚合成较重的氦。有一部分氢变成能，成为热与光照向各方。

估计再过50亿年，太阳的大部分氢会聚合成较重的氦，氦需要更高的温度才能聚合成碳，因氦较重其引力会更强，使太阳中心压力增高。当气体压力增高时，按气体定律，温度就会自动提高，当太阳大部分是氦时，其中心温度会增高到现在的10倍，达到1亿摄氏度时，氦就聚合成更重的碳，然后因引力产生更高的温度而将碳聚合成氮。如此重演累进到氧等更重的物质，一直到铁，在高温中，所有物质最终都会成为气体。

当太阳的氦开始聚合时，它将成为一个巨大的氢原子弹而爆炸，使直径扩大100多倍。

因膨胀过大，其表面温度反而会降低，表面的颜色从现在的高温的白色变成低温的红色，成为一颗"红巨星"。一旦太阳没有热能来源，它就会开始冷却缩小，缩到最后会使太阳中心具有很高的压力，高到将原子外层电子壳压溃，使电子不再在核子外旋转，电子与核子成为没有规则结构的高密度混合物，这时太阳就成为一颗"白矮星"，以后渐渐冷却暗淡，成为"黑矮星"。那时，太阳的活动就彻底结束了。

◀黄山日出

# 太阳黑子是黑色的吗？

太阳光球上经常出现些旋涡状的气流，这些旋涡状气流很像大小不等、形状很不规则的黑窟窿，这就是天文学家所说的"太阳黑子"。

黑子本身并不是黑色的，它的温度一般是四五千摄氏度，但是比起太阳光球来，它的温度要低 1 000 ℃ ~ 2 000 ℃。在更加明亮的光球衬托下，它就成为看起来像是没有什么亮光的、暗黑的黑子了。

假设光球上百分之百地覆盖着黑子，太阳仍旧会是相当亮的，只是比现在看到的稍微暗些罢了。

黑子包括特别黑的中间本影和不太黑的四周伴影两部分。伴影由许多纤维状纹理组成，这些纹理是磁力线造成的，伴影的纤维还具有旋涡形的结构。从本影出来的一条条纤维像旋涡一样，旋涡形态只是黑子群发展到一定阶段时才有的，那时就预示着太阳将发生剧烈的变化了。

## 太阳黑子的活动规律

长期观测太阳黑子就会发现，有的年份黑子多，有的年份黑子少，天文学家早已注意到，太阳黑子从最多（或最少）的年份到下次最多（或最少）的年份，大约相隔 11 年。天文学家把太阳黑子最多的年份称为"太阳活动峰年"，把太阳黑子最少的年份称为"太阳活动宁静年"。

## 日珥

日珥是突出在日面边缘外面的一种太阳活动现象。日珥出现时，大气层的色球酷似燃烧着的草原，玫瑰红色的舌状气体如烈火升腾，形状千姿百态，有的如浮云，有的似拱桥，有的像喷泉，有的酷似团团草丛，有的美如节日礼花，而整体看来它们的形状恰似贴附在太阳边缘的耳环，由此得名"日珥"。

日珥的上升高度约几万千米，大的日珥可高于日面几十万千米，一般长约 20 万千米，个别的可达 150 万千米。

日珥的亮度要比太阳光球层暗弱得多，所以平时不能用肉眼观测到它，只有在日全食时才能直接看到。

日珥是非常奇特的太阳活动现象，其温度为 5 000K 至 8 000K，大多数日珥物质升到一定高度后，会再慢慢地降落到日面上，但也有一些日珥物质漂浮在温度高达 $2 \times 10^6$K 的日冕低层，既不附落也不瓦解。而且，日珥物质的密度比日冕高出 1 000 倍至 10 000 倍，两者居然能共存几个月，实在令人费解。

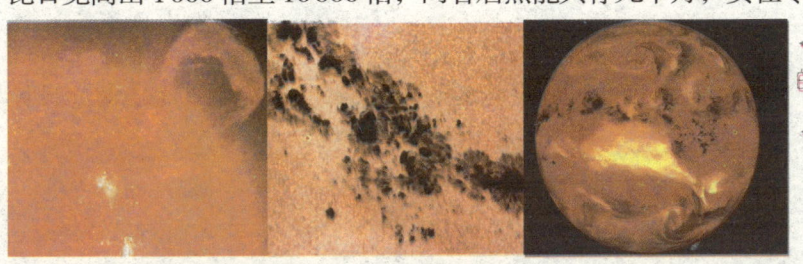

◀1 太阳日珥的爆发

◀2 太阳黑子

# 金色的太阳

有首歌唱道:"金色的太阳升起在东方,光芒万丈。"可是我们平时所看见的旭日却是红色的,这是怎么回事呢?

原来,这是地球大气层做的手脚。因为太阳无论是从东方地平线上冉冉升起时,还是跌入西边山峦之前,它放射出的光波经过地球大气层的距离,都比太阳在人头顶上直射时的距离大两倍多。此时的阳光经过悬浮在地球大气中的气体分子、小尘埃、冰晶、水滴的吸收和散射后,光波中波长较短的蓝光、紫光大多被吸收或散射掉,只剩下波长较长的红光、橙光到达地表被观测到,所以旭日看起来是红彤彤的。不过,在一天的大多数时间里,七种颜色的光都是按差不多的比例混合的,也就是物理学中所指的白光,经过大气中各种物质的吸收和散射等作用后,看起来就变得金光灿烂了。

## 太阳的颜色

如果太阳是白色的,地球将被炙烤成焦土,处处如火焰山;如果太阳是红色的,情况同样不妙,地球上将到处是冰天雪地,如同现在的南北极。在这两种情况下,地球、生命都会面临巨大威胁。正是金黄色太阳恰到好处的作用,地球生物包括人类才拥有了生命所需的一切。

## 日食

日食是一种十分壮观的天文现象,尤其是日全食更是奇特,令人终生难忘。

阳光灿烂的白天,光焰无际的日轮突然被一团黑影逐渐蚕食、吞噬,当黑影把日轮完全挡住的时候,天空的亮度骤然下降为原来的一百万分之一。原来太阳的位置,变成暗黑的月亮圆面。刹那间,夜幕降临,本来月明星稀的夜空,变得繁星似锦,昏暗的大地上凉风习习,气温陡降,鸡犬惊叫着逃回自己的巢穴,有时空中的飞鸟也会无法自控而坠落到地上,这常常是日全食时发生的景象。

日食是因地球和月球运动产生的,人类能在地球上见到日食实在是极大的幸运,这是因为月亮本影扫过的全食带范围极小,平均每300多年才能看到一次。

日食必定发生在"朔日"(农历初一)。我们知道,地球和月亮都是不发光的球体,它们在太阳的照射下,背向太阳的一面必然出现黑影。当月亮运行到太阳和月球之间时,如果太阳、月亮和地球正好位于或接近同一直线,便会发生日食。处于不同地区的人们分别可以看到日全食、日偏食和日环食。

# 太阳耀斑

夸父逐日的结局虽然悲惨,但他探索科学的精神永远值得我们学习。正是在这种精神的鼓舞下,人类不断地探索太阳,并且知道了有关太阳的许多知识,如太阳黑子、太阳风、太阳耀斑等。那么,你知道什么是太阳耀斑吗?

太阳耀斑是一种剧烈的太阳活动,其主要特征是:日面上突然出现迅速发展的闪耀亮斑,其寿命仅在几分钟到几十分钟之间,亮度上升迅速,下降较慢。耀斑释放的能量相当于10万次至100万次强火山爆发的总能量。

除了日面局部突然增亮的现象,耀斑更主要的表现为从射电波段直到X射线的辐射通量的突然增强。耀斑所发射的除可见光外,还有紫外线、X射线、γ射线、红外线和射电辐射、冲击波和高能粒子流,还有能量极高的宇宙射线。

## 太阳耀斑的影响

耀斑对地球空间环境会造成很大影响:耀斑爆发时,将会严重危及宇宙飞行器内的航天员和仪器的安全;当耀斑辐射来到地球附近时,会使无线电通信受到干扰甚至中断;耀斑发射的高能带电粒子流与地球高层大气作用,会产生极光,并干扰地球磁场而引起磁暴;耀斑对气象和水文等方面也有着不同程度的直接或间接影响。

## 太阳风

太阳风是一种连续存在,来自太阳并以超声速运动的等离子体流。那么,太阳风是怎样形成的呢?

太阳大气分为六层,依次为:日核、辐射区、对流层、光球、色球、日冕。日核集中了太阳质量的大部分,并且是太阳99%以上的能量的发生地。光球是我们平常所见的明亮的太阳圆面,太阳的可见光全部是由光球发出的。而日冕属于太阳的外层大气,太阳风就是在这里形成并发射出去的。

通过人造卫星和宇宙空间探测器拍摄的照片,我们可以发现在日冕上长期存在着一些长条形的大尺度的黑暗区域。从表观上看就像日冕上的一些洞,我们形象地称之为冕洞。

冕洞是太阳磁场的开放区域,这里的磁力线向宇宙空间扩散,大量的等离子体顺着磁力线跑出去,形成高速运动的粒子流。粒子流在冕洞底部速度为每秒16千米左右,当到达地球轨道附近时,速度可达每秒800千米,这种高速运动的等离子体流也就是我们所说的太阳风。

# 月亮上真有嫦娥和玉兔吗？

在我国民间古老的神话故事里，月亮上有仙女嫦娥居住的广寒宫，还有桂花树和玉兔，这些都是真的吗？

月球上没有大气，也没有液态水。白天，在阳光垂直照射的地方，温度高达127℃；夜晚，温度则可能急剧下降到－183℃左右。由于没有大气，不会产生光的折射、反射和漫反射，在那里看不到美丽的朝霞和晚霞，也看不到蓝天，所看到的天空只是一团漆黑。没有空气，声音也得不到传播，那里寂静无声。

月面地形也有起伏，那里有山、有海（大面积的无水洼地），最突出的是那无数大小不一的环形山。

那里没有生物，到处都是石砾和厚度不大的月壤，是一片荒漠。

月球上没有磁场，它曾经有过十分强烈的火山活动，但近20亿年来已不再有岩浆喷出。所以嫦娥和玉兔不能在那里生活，二者只是神话里的角色。

▲陨石坑

## 月球上什么样？

月球俗称月亮，也称太阴，是地球唯一的天然卫星，也是离地球最近的天体。

月球距离地球平均384 403千米，约为地球赤道周长的10倍。月球轨道呈椭圆形，近地点距离为363 300千米，远地点距离为405 500千米。

## 月亮的诞生

在古希腊神话中，月亮是宇宙之王宙斯的女儿阿尔忒弥斯的化身。

近代科学家根据当时的知识对月亮的起源提出了各种假说。英国天文学家乔治·达尔文提出了"分离说"，瑞典天文学家汉尼斯·阿尔文提出了"俘获说"，现在大多数天文学家认为月亮和地球是在同一个原始云中同时形成的。

# 月亮为什么会跟着人走？

皎洁的月亮高挂在夜间的天空，你在户外走路的时候，无论你走多远，也不管朝什么方向走，都会发现月亮好像一直在跟着你走似的。你知道这是为什么吗？

由于我们的视野是有一定局限性的，我们在走路的时候，近在身旁的事物很快就会在我们的视野里消失了。但较远些的事物，因为在视野里占的地方较小，移动得比较迟缓，所以消失得要慢些。在晚上，周围的光线微弱，星星虽然也有光亮，可是比起月亮，它那点光亮不算什么。月亮离地球有 384 403 千米，因此在明月当空的晚上，月亮就成了我们视野里唯一不会迅速消失的东西，就好像是一直在跟随着我们走一样。

## 人类对月食的认识

公元前 2283 年美索不达米亚的月食记录是世界最早的月食记录，其次是公元前 1136 年中国的月食记录。

早在 1881 年前，中国汉代天文学家张衡就弄清了月食的原理。公元前 4 世纪，亚里士多德从月食中看到地球的影子是圆的，而推断地球是球形的。公元前 3 世纪的古希腊天文学家阿里斯塔克和公元前 2 世纪的喜帕恰斯都提出通过月食测定太阳－地球－月球系统的相对大小。喜帕恰斯还提出在相距遥远的两个地方同时观测月食，来测量地理经度。2 世纪，托勒玫利用古代月食记录研究月球的运动，这种方法一直沿用到今天。

曾有传说，在 16 世纪初，哥伦布航海到了北美洲的牙买加，与当地的土著人发生了冲突。哥伦布和他的水手被困，断粮断水，情况十分危急。懂点天文知识的哥伦布知道当晚要发生月全食，就向土著人大喊："再不拿食物来，就不给你们月光！"到了晚上，哥伦布的话果然应验了。土著人见状诚惶诚恐，赶快和哥伦布化干戈为玉帛。

月食有月全食和月偏食两种。在农历十五日、十六日，月亮会运行到和太阳相对的方向。这时如果地球和月亮的中心大致在同一条直线上，月亮就会进入地球的本影，而产生月全食；如果只有部分月亮进入地球的本影，就产生月偏食。

月食都发生在望（满月，农历每月十五日），但不是每逢望（农历每月初一）都有月食，这和每逢朔不都出现日食是同样的道理。在一般情况下，月亮不是从地球本影的上方通过，就是在其下方离去，很少穿过或部分通过地球本影，因此一般不会发生月食。每年月食最多发生三次，有时一次也不发生。

# 月球从地球偷能量吗?

不久前,一些天文学家公布了关于月球的鲜为人知的事实——月球会从地球偷能量。你知道这是怎么回事吗?

地球上的潮汐现象多数是由月亮引起的,潮汐的秘密是:由于月亮绕着地球旋转,地球上的海洋受到月球引力的牵引,面对月亮的那面就出现高潮。而与此同时,地球上远离月球的另一面也出现另一个高潮,这是因为月球对地球本身的引力牵引作用大于对其水体的作用,从而使另一面的海水向外"鼓"。在满月和新月时,太阳、月亮和地球都在一条线上,这时形成的潮异乎寻常地大,我们称之为"朔望大潮"。当月亮到达离地球最近的地方时,通过牵引作用,地球的自转能量被月球一点点地"偷"走了,朔望大潮就比平时还要大。

月球的平均直径约为3 476千米,比地球直径的1/4稍大些。月球的表面积有3 800万平方千米,还不如我们亚洲的面积大。月球的质量约为7 350亿亿吨,相当于地球质量的1/81,月面重力则差不多相当于地球重力的1/6。

月球本身并不发光,只反射太阳光。它的亮度随日月间角距离和地月间距离的改变而变化。

▼月球上的环形山

月球的表面是由平原、山峰和山谷组成的荒漠,还有许多由于太空物体高速撞击月球表面而形成的陨石坑。

月球上没有供人类呼吸的空气,但是可能有可供饮用的水。最近在月球阴面的一个很深的陨石坑底发现了冰,科学家认为这些冰可能是某次与月球相撞的彗星带来的,彗星的冰没有融化,因为月球的背阴面温度非常低。

## 月亮树

在地球上,有400多棵树来自月亮。更准确地说,它们来自月球轨道。1971年,"阿波罗14号"的航天员在出发时随身带上了一包种子,并小心地看护着他的种子。后来,这些种子在地球上发了芽,它们被种在美国国内许多不同的地方,并被人们称为月亮树。

▲"阿波罗14号"上的航天

# 星云

许多科学家认为恒星起源于星云，对星云变量进行系统的观测、探索，对研究恒星的形成和演化有重要意义。那么，什么是星云呢？

星云就是散布在银河系内、太阳系外的一堆堆非恒星形状的尘埃和气体，它们在宇宙空间的分布并不均匀，在引力作用下，某些地方的气体和尘埃可能相互吸引而密集起来，形成云雾状，人们便形象地称之为"星云"。

它们的主要成分是氢，其次是氦，还含有一定比例的金属元素和非金属元素。近年来的研究还发现其中有碳、氢等元素的有机分子。

按照形态划分，银河系中的星云可以分为弥漫星云、行星状星云等。弥漫星云正如它的名称一样，没有明显的边界，常呈不规则形，主要分布在银道面附近，比较著名的有猎户座大星云的马头星云等。行星状星云的样子有点像烟圈，是中空的，而且往往有一颗很亮的恒星。比较著名的有宝瓶座耳轮状星云和天琴座环状星云。

按照发光的性质划分，星云可以分为亮星云和暗星云。其中亮星云又可分为受到外界紫外线辐射而使内部气体电离发光的发射星云和被周围亮星星光所照亮的反射星云。而暗星云则是因为它全部或者部分遮住了背景的恒星星光，使自己显得黯淡无光而得名。著名的暗星云有猎户座大星云的马头星云。

## 亮星云

亮星云是指较亮的星云。按其发光方式的不同，又可分为发射星云和反射星云两类。猎户座大星云就是一个巨大的亮星云，中央和周围有一些明亮的高温星，激发了氢气，使之发出绿色的光辉。它的直径达300万光年，但只有直径27光年的一小部分被星光照亮，从而被我们看到。此外，还有些星云，如北美洲星云 NGC 7000，既具有发射星云的性质，又具有反射星云的特征，是混合型的星云。

## 暗星云

暗星云是银河系中不发光的弥漫物质所形成的云雾状天体。和亮星云一样，它们的大小和形状是多种多样的。小的只有太阳质量的千分之几到百分之几，是一些出现在亮星云背景上的球状体；大的有几十到几百个太阳的质量，有的甚至更大，它们内部的物质密度也相差悬殊。

# 划过夜空的流星

不要以为流星就是天上的星星掉下来了,其实它是闯进地球大气层的行星际物质在大气层中摩擦发光的现象。

在辽阔的宇宙空间中,游荡着许多大大小小的石块和尘埃物质,称为流星体。当它们闯入地球大气层时,由于受到地球引力的作用,速度大大加快,与大气发生剧烈摩擦,从而迅速地变热、燃烧、发光、气化,并一下子化为乌有,这就是流星现象,中国古代民间常把它称为贼星。其中体积较大的,在大气层中来不及全部烧为灰烬,会落到地面形成石质的陨石或铁质的陨铁,也就是天文学上所说的陨星。流星经过时,会在空中留下一条痕迹,那就是我们在夜空中见到的那条很亮的弧形光。

流星有单个流星、火流星和流星雨几种。

### 火流星

火流星看上去非常明亮,像条闪闪发光的巨大火龙,发着"沙沙"的响声,有时还有爆炸声,有的火流星甚至在白天也能看到。

火流星的出现是因为它的流星体质量较大(质量大于几百克),进入地球大气后来不及在高空燃尽而继续闯入稠密的低层大气,以极高的速度和地球大气剧烈摩擦,产生耀眼的光亮。

火流星消失后,在它穿过的路径上,会留下云雾状的长带,称为"流星余迹"。有些余迹消失得很快,有的则可存在几秒钟到几分钟,甚至长达几十分钟。

### 流星雨

流星群与地球相遇时,在几小时到几天的时间内流星数量会显著增加,有时甚至像下雨一样,这种现象称为流星雨。

发生流星雨时,流星的出现频次通常是每小时十几个到几十个,但在少数情况下可达每小时成千上万个,这称为流星暴。

# 陨石

人们常说："陨石是天上掉下来的石头。"也有人说，陨石并不是石头，实际上是一块铁。那么究竟什么是陨石呢？

陨石是指从宇宙空间降落到地球的地外物体，常常与"流星体"相混淆。

"流星体"是指在近地轨道环绕太阳运行的物体，是进入大气层之前的陨石的母体。它以一定速度进入地球大气层之后，与大气层摩擦而消融，在天空划过一道明亮的痕迹，这一现象称为"流星"。

大部分流星体不能产生陨石，因为其颗粒太小会在大气层中被完全烧蚀掉，只有较大未完全烧蚀掉的物体落到地球表面才会形成陨石。

大部分陨石起源于小行星带。通过碰撞和引力作用，有些小行星会进入地球轨道，大小合适的最终以陨石的形式降落到地球上。

陨石包含着丰富的太阳系天体形成、演化的信息，对它们的实验分析将有助于人们探求太阳系演化的奥秘。

陨石是由地球上已知的化学元素组成的，在一些陨石中找到了水和多种有机物。这成为"是陨石将生命的种子传播到地球的"这一生命起源假说的一个依据。对陨石中各种元素的同位素含量进行测定，可以推算陨石的年龄，从而推算太阳系开始形成的时期。陨石可能是小行星、行星、大的卫星或彗星分裂后产生的碎块，它能带来这些天体的原始信息。

著名的陨石有中国吉林陨石、中国新疆大陨铁、美国巴林杰陨石、澳大利亚默其逊碳质陨石等。

## 陨石的三大类型

陨石可分为三大类型：以硅酸盐矿物为主的陨石称为石陨石（分为球粒陨石和无球粒陨石两类）；以铁、镍金属为主的陨石称为铁陨石；铁质和石质的量约各占一半的陨石称为石铁陨石。每一大类陨石又可根据其结构和化学成分的差异划分为若干亚类，有些亚类还可根据一定的分类准则分为陨石群或陨石型。

石铁陨石

# 水星上有水吗？

水星距太阳5 800万千米，是太阳系中离太阳最近的行星。水星没有卫星，它的体积在太阳系行星中位列倒数第一。

1974年，人类第一次向水星发射探测器，发现水星也像月球那样有大大小小的环形山，还有山脉、平原、盆地和峡谷。那么水星上有水吗？

水星是离太阳最近的一颗行星，朝向太阳的一面温度非常高，在400℃以上。这样高的温度，锡、铅等金属会熔化，水则会变成水蒸气。如果水星真的有水，朝向太阳一面的水，在烈日暴晒下，早已化成水蒸气散到宇宙中去了。

水星的公转周期约为88个地球日，自转周期约为59个地球日。这样一来，水星的一昼夜长达176个地球日。所以一进入夜晚，水星表面将连续几周处于黑暗中，这也是水星表面昼夜温度差巨大的原因之一。

另外，水星的体积很小，它产生的引力也很小，它的引力无法把水蒸气吸引在自己的身旁。而水星背向太阳的一面，由于长期见不到阳光，温度极低，在-173℃以下，所以也不可能有液态的水。

水星上没有液态的水，但1991年在其北极地区观测到一个亮斑。据推测，这个亮斑可能是贮存在水星表面或地下的冰反射了阳光造成的。尽管水星表面温度极高，但在其北极的一些陨坑终年不见阳光，温度常年低于-161℃，这足以使来自水星内部或宇宙空间的水分以冰的形态保存下来。

### 为什么叫它"水星"？

原来，在我国古时候，人们习惯用阴阳五行代表日、月、行星，把行星叫作金、木、水、火、土等。水星只不过是给它起的名字，并不是认为上面水多才这样叫的，就像金星上面并不全是金子一样。

### 太阳系中最暗的行星

水星表面温度太高，它不可能像它的两个近邻金星和地球那样保留一层浓密大气，因此无论是白天还是夜晚，水星的天空都是漆黑的。在水星漆黑的天空中可以看到明亮的金星和地球。水星极其稀薄的大气主要是由从太阳风中俘获的气体组成的，其密度只有地球大气的12%。主要成分为氦（42%）、汽化钠（42%）和氧（15%）等。水星表面的岩石吸收了大量的阳光，反射率只有8%，所以水星是太阳系中最暗的行星之一。

# 彗星——扫帚星

一提起彗星，人们总是很自然地把它与战争、疾病、灾难等联系在一起，中国民间更是把彗星贬称为"扫帚星""灾星"。在漫长的历史长河中，人们对于彗星的恐惧代代相传。

其实彗星是在扁长轨道（极少数在近圆轨道）上绕太阳运行的一种质量较小的云雾状小天体。它由冰和少量岩石组成，物质密度只有10千克／立方米至1000千克／立方米，天文学家把彗星形象地称为"脏雪球"。

彗星一般由彗头和彗尾组成，彗头包括彗核和彗发两部分，有的还有彗云。并不是所有的彗星都有彗核、彗发、彗尾等结构。

宇宙中彗星的数量极大，但目前观测到的仅约1 600颗。

除了离太阳很远时，彗星的长长的明亮稀疏的彗尾，在过去给人们这样的印象，即认为彗星很靠近地球，甚至就在我们的大气范围之内。1577年第谷指出，当从地球上不同地点观察时，彗星并没有显出方位不同，因此他正确地得出它们必定很远的结论。

每当彗星接近太阳时，它的亮度会迅速地增强。对离太阳相当远的彗星的观察表明它们沿着被高度拉长的椭圆运动，而且太阳在这椭圆的一个焦点上，这与开普勒第一定律一致。彗星大部分的时间运行在离太阳很远的地方，在那里是看不见它们的，只有当它们接近太阳时我们才能见到。

离太阳很远时彗星的亮度很低，而且它的光谱单纯是反射阳光的光谱。当彗星进入离太阳8个天文单位以内的范围时，它的亮度开始迅速增长并且光谱急剧地变化。科学家能看到若干属于已知分子的明亮谱线。发生这种变化的原因是组成彗星的固体物质（彗核）突然变热到足以蒸发并以叫作彗发的气体云包围彗核。是太阳的紫外光引起这种气体发光的。

## 哈雷彗星是如何得名的？

哈雷彗星是地球上能用肉眼看到的为数很少的大彗星之一。

英国天文学家哈雷计算了24颗彗星的运行轨道，大胆地预言1682年出现过的大彗星1759年还会出现。哈雷于1742年去世了，他的预言在1759年变成了现实，人们为了表彰他对彗星研究的伟大贡献，将这颗彗星命名为"哈雷彗星"。

# "未来的太阳"——木星

后羿射日是神话故事,但在将来的某一天,天上真的可能会出现两个太阳,这颗新出现的太阳就是木星。

木星是太阳系中最惹人注目的一颗行星,它是八大行星兄弟中的老大——个儿最大。它的亮度仅次于金星,并且具有极光现象,是除地球外第二个被发现有极光现象的天体。木星也有光环。

木星与其他行星不同,因为它和太阳一样,自身能够放出热量。

木星大气层中的大红斑是一团激烈的沿逆时针方向运动的上升气流,这个气流含有大量的红磷化物,所以发红。这个大红斑足可容纳两个地球。

### 木星表面的奇特现象

木星表面奇特的现象是明亮的条纹和独一无二的大红斑。这些奇妙的条纹出现的原因主要是包围木星的大气层厚薄不一,在云层特别厚的地方,云强烈地反射着太阳光,就显示出金色,中间有少量红色的光芒;而在云层薄的地方,太阳光从中通过,反射回来的光很少,看起来暗淡。这样就构成了木星奇特的条纹现象。

然而在木星的表面,更为显著的是红色、卵形、像眼珠一样的大斑点,也就是木星的显著标志——大红斑。

著名的大红斑是位于木星南纬23°附近的一些细长而又椭圆的斑状云团,是木星上的风暴旋涡。这个风暴旋涡长约5万千米,有4个地球那么宽。

### 木星的真面目

木星是巨行星的代表:赤道半径约为71 000千米,是地球半径的11倍;体积是地球的1 316倍;质量是地球质量的318倍。它的密度为1.33克每立方厘米,仅为地球密度的1/4。

木星是太阳系最大的行星,它的形状并非正圆形。木星的自转速度惊人(每分钟近800千米),赤道部分自转一周仅需9小时50分30秒,是八大行星中自转最快的。它的赤道周长近45万千米,转一圈还不到24小时。这么大的自转速度使其赤道部分向外隆起,两极向内压缩,显得扁平,形状大致像个横放的橄榄球。

◀木星的真面目

# 恒星永恒不动吗？

古代，人们看到天上的星星组成的各式各样的星座图案似乎永远不变，便认为天上的星星是永恒的，是静止不动的，于是把它们称为恒星。

其实，恒星是由炽热气体组成的本身能发光的球状或类球状天体。太阳是离地球最近的恒星，其次是半人马座比邻星。

在晴朗无月的夜晚，在一定的地点一般人用肉眼大约可以看到 3 000 颗恒星，借助望远镜，则可以看到几十万至几百万颗。

恒星是在熊熊燃烧着的星球。一般来说，恒星的体积和质量都比较大。只是由于距离地球太遥远，星光才显得那么微弱。

恒星距离我们十分遥远，人们无法看出恒星位置的明显变化，但恒星不是永恒不动的。

恒星年中的位置变化（用角秒来度量）叫作恒星的自行。恒星的自行虽然很微小，但经过几万年、几十万年之久，天上恒星的位置是会发生明显改变的。

光谱分析发明之后，通过光谱谱线的位置移动，人们可以测量出恒星在视线方向的速度——视向速度，现在已精确测定出 3 万多颗恒星的视向速度。

绝大多数恒星的视向速度都在 -20 千米／秒至 +20 千米／秒这一范围内。"+"号表示恒星沿视线方向远离我们，"-"号表示恒星沿视线方向趋近我们。

恒星发光的能力有强有弱。天文学上用"光度"来表示。"光度"就是指从恒星表面以光的形式辐射出的功率。恒星表面的温度也有高有低。一般来说，恒星表面的温度越低，它的光越偏红；温度越高，光则越偏蓝。而表面温度越高，表面积越大，光度就越大。从恒星的颜色和光度中，科学家能提取许多有用信息。

## 生命历程

恒星诞生于太空中的星际尘埃，科学家形象地称之为"星云"或者"星际云"。

恒星的"青年时代"是一生中最长的黄金阶段——主星序阶段，这一阶段占据了它整个寿命的 90%。在这段时间，恒星以几乎不变的恒定光度发光发热，照亮周围的宇宙空间。

在此以后，恒星将变得动荡不安，变成一颗红巨星。然后，红巨星将在爆发中完成它的全部使命，把自己的大部分物质抛射回太空，留下的残骸也许是白矮星，也许是中子星，甚至是黑洞……

恒星来之于星云，又归之于星云，就这样，走完它辉煌的一生。

## 为什么在八大行星中金星最亮？

金星是第二接近太阳的行星，是天空中最亮的星，亮度最大时为 –4.9 等，比著名的天狼星还亮 14 倍。那么，金星为什么特别亮呢？

金星表面有浓密的大气，大气中的二氧化碳含量在 97％ 以上，还有少量的氮、氩、一氧化碳、水蒸气、氯化氢、氟化氢等。在金星表面有一层主要由浓硫酸雾形成的浓云，厚达 25 千米，能反射所入射的阳光的 75％ 左右。另外，在金星大气中还有频繁的闪电。金星在天空中的亮度，仅次于日月，最亮时可以在白昼看见它，在夜里它可以将物体照射出影子来。金星与地球为邻，所以从地球上看金星，金星就显得特别明亮。

金星，就是人们常说的启明星。金星分别在早晨和黄昏出现在天空中。《诗经》说："东有启明，西有长庚。"启明星和长庚星，实际上都是金星。因为它们特别明亮，所以人们也称其为"明星"。我国民间还称金星为"太白"或"太白金星"。

▶ 启明星

金星厚厚的二氧化碳大气层会造成"温室效应"，阳光透过大气将金星表面烤热，使金星地表的温度高达 482℃。地表的热量在向外辐射的过程中受到大气的阻隔，无法散发到外层空间，这使得金星比水星还要热。

### 在金星上太阳从西边出来

金星是一颗"反向慢跑"的行星，它的自转方向与公转方向相反，即自东向西自转，这在太阳系八大行星中独一无二，所以"太阳从西边出来"对金星来说，是绝对的真理。

而且它的自转速度又非常缓慢，赤道上的自转速度只有 1.8 米每秒，比人的步行速度快不了多少。自转一周需要 243 天，比它围绕太阳公转的时间还长 18.3 天。金星上的一天相当于地球上的 243 天，比它 225 天的一年还要长。

## 北斗七星组成的图形永远不变吗？

在北半球，天空中有排列成斗（勺）形的七颗亮星，我们常称它们北斗七星。这七颗亮星的名称分别是天枢、天璇、天玑、天权、玉衡、开阳、摇光。前四颗星叫"斗魁"，又名"璇玑"；后三颗星叫"斗杓""斗柄"。

北斗七星由七颗较亮的恒星组成了一个图形，但其实它们并不在一个平面中，只是我们的观察视差使得它们好像在一个平面。那么北斗七星组成的图形永远不变吗？

当然不是。宇宙间一切物体都处在运动和变化之中，恒星也不例外。既然恒星也在运动，那么北斗七星组成的图形当然也在变化。

北斗七星其实是指极星，它能帮助我们寻找北极星。方法是：从勺子前端的两颗星向勺口方向延伸5倍的距离，可以看到一颗不太明亮的星，它就是北极星，指示的是正北方向。认星歌有："认星先从北斗来，由北往西再展开。"初学认星者可以从北斗七星依次来找其他星座。这七颗星离我们的距离不等，在70光年至130光年的范围内。它们各自运行的速度和方向也不一样。

天文学家已经算出，10万年前看到的北斗七星组成的图形和10万年后将要看到的图形，都和今日的大不一样。

北斗七星是大熊星座的一部分，从图形上看，北斗七星位于大熊的背部和尾巴。这七颗星中有六颗是二等星，一颗是三等星。

### 北极星

北极星现在在很靠近地球北极指向的天空中。因此，看起来它总在北方天空。正是因为它所处的位置重要，所以才大名鼎鼎。

其实，按亮度，北极星只是一颗普通的二等星，属于"小字辈"。

北极星是小熊星座中最亮的恒星，也叫小熊座α星。中国古代称它为"勾陈一"或"北辰"。在星座图形上，它正处于小熊的尾巴尖端。

◀ 运动着的宇宙

# 太阳系生命最后的绿洲——冥王星

天体生物学家通过计算机模拟结果表明,当太阳"膨胀"的时候,小小的冥王星将成为十分迷人的地方,那里将是太阳系生命最后的绿洲。

为什么这样说呢?

现在,冥王星是一颗极度寒冷的矮行星,冥王星地表温度变化范围为 $-240℃\sim-210℃$。有资料显示,这一切在太阳系接近终结时会发生改变。10亿年后,太阳的亮度会增强11%,而地球则会变成令人难以忍受的温室,再经过50亿年,太阳将会极度膨胀,其大小将是现在的100倍以上,其亮度将会比现在增强1 000倍。随着太阳的膨胀和升温,适于居住的区域将向太阳系边缘迁移——生命将迁向火星,然后是木星,最后是冥王星。

地球与其他靠近太阳的行星也许会直接蒸发,而外太阳系可能会保存下来,成为生命最后的绿洲。

冥王星绕太阳运行一周历时248年之久,平均速度只有4.8千米每秒。它距离太阳大约40天文单位,表面温度大概是 $-348℃$。由于它距离地球过于遥远,对它进行观测相当困难。然而,加拿大的哈第居然用光电方法测出了它的自转周期。它的表面显然不是匀整平滑的,因为其反射光具有以6天零9小时17分为周期的变化,这被认为是它的自转周期。

### 奇特的轨道

太阳系其他行星的轨道大多接近圆形,但是冥王星的轨道是细长的椭圆形。表示椭圆形与正圆形之差异程度的数值是离心率,离心率越大则椭圆越细长。冥王星的轨道偏斜黄道面达17°,在太阳系中偏斜最厉害。

因为在冥王星的光谱中没发现任何分子吸收带,所以我们认为,冥王星完全不同于从火星至海王星之间的几颗大行星。有人推测,它曾一度是海王星的一颗卫星,在逃逸出来后才开始在自己的绕日轨道上运动。既然冥王星现在围绕太阳运转而不绕海王星运转,所以不再属于卫星。该假说的主要理由是冥王星的轨道偏心率太大。而且,冥王星绕太阳的运行轨道确实有一部分处于海王星轨道的内侧。

▼太阳系八大行星和冥王星的运行轨道

## 为什么没有南极星而有北极星？

我们都知道，在距离地球北天极很近的天空中，有一颗小熊星座的二等星，称为北极星。朋友们也许会问：在地球南天极的附近，有没有一颗和北极星相当的南极星呢？

在距离南天极不远的地方，有一颗 σ 星，它离南天极的距离和北极星离北天极的距离几乎差不多。但是，这颗星的亮度是北极星亮度的1／3左右。即使视力最好的人，也只有在晴天没有月亮的夜空里，才可能看到它。

在南极星座中，即使是最亮的星星也要比北极星暗一半，更何况它还离南天极较远，一颗不可能指示正南方的星星，是不能被称为南极星的。

此外，在靠近南天极的地方，还有另外一颗靠近水蛇星座的星星，它的亮度比北极星暗1／3左右，亮度勉强够了，但它的位置同样也偏离了南天极。

所以，到现在为止，真正达到南极星标准的星星还没有被发现。

### 星座

为了便于认识星空，古人将天球划分为许多区域，叫作星座。每一星座可由其中亮星的特殊分布而辨认出来。

公元前 3000 年左右，巴比伦人把较亮的星划分成若干"星座"。古希腊人主要用神话中的人物或动物为星座命名。公元 2 世纪，希腊天文学家已将北天星座的名称大体上确定下来。南天的 48 个星座一直到 16 世纪环球航行成功，经航海者观察后才逐渐确定。1841 年赫歇尔提出星座界线，以赤经线和赤纬线划分。1928 年，国际天文学联合会公布 88 个星座方案，并规定以 1875 年的春分点和赤道为基准的赤经线和赤纬线，并将其作为星座界线。

现在国际通用的星座共有 88 座，它们分别是：仙女、唧筒、天燕、宝瓶、天鹰、天坛、白羊、御夫、牧夫、雕具、鹿豹、巨蟹、猎犬、大犬、小犬、摩羯、船底、仙后、半人马、仙王、鲸鱼、蜓、圆规、天鸽、后发、南冕、北冕、乌鸦、巨爵、南十字、天鹅、海豚、剑鱼、天龙、小马、波江、天炉、双子、天鹤、武仙、时钟、长蛇、水蛇、印第安、蝎虎、狮子、小狮、天兔、天秤、豺狼、天猫、天琴、山案、显微镜、麒麟、苍蝇、矩尺、南极、蛇夫、猎户、孔雀、飞马、英仙、凤凰、绘架、双鱼、南鱼、船尾、罗盘、网罟、天箭、人马、天蝎、玉夫、盾牌、巨蛇、六分仪、金牛、望远镜、三角、南三角、杜鹃、大熊、小熊、

# 银河是天上的河流吗？

银河系是太阳系所处的星系，与同处于本星系的仙女座大星系一样，都是螺旋星系，古人称之为银河、天河。那么银河是天上的河流吗？

银河是个星系，它比普通的星系稍微大些，直径约为10万光年。银河系中至少有2 000亿颗星。其中，大约400亿颗星集中在中央的核球（bulge）上，核球四周缠绕着四只旋臂，是气体和尘埃物质混杂的区域。

银河系是个中间厚、边缘薄的扁平盘状体，它有三个主要组成部分：包含旋臂的银盘，中央突起的银心和晕轮。银河系的主要部分称为"银盘"，银盘外面是由稀疏的恒星和星际物质组成的球状体，称为"银晕"，直径约10万光年。银河系的总质量相当于1 400亿个太阳的质量，其中恒星的质量约占总质量的90%，星际物质约占10%。

银河系也有自转。太阳系以250千米每秒的速度围绕银河中心旋转，旋转一周约2.5亿年。银河系有两个伴星系：大麦哲伦星系和小麦哲伦星系。

## 银盘

银盘是银河系的主体，直径约为8万光年，中间部分厚度大约为6 000光年，太阳附近银盘的厚度大约为3 000光年，银盘主要由四条巨大的旋臂环绕组成，内有无数的蓝色恒星，太阳位于人马座臂和英仙座臂之间的猎户座臂上，距离银心28 000光年或者8.5千秒差距。旋臂的形成与银河系创生时期星系核的活动有关。

## 银晕

银河晕轮弥散在银盘周围的一个球形区域内，银晕直径约为98 000光年，这里恒星的密度很低，分布着一些由老年恒星组成的球状星团。有人认为，在银晕外面还存在一个巨大的呈球状的射电辐射区，称为银冕。

## "帕森斯镇大海怪"

说起银河系旋臂的发现，可以追溯到19世纪中叶。爱尔兰天文学家罗斯伯爵，耗资30 000英镑制造了当时最大的反射望远镜，口径达184厘米，仅反射镜本身就达3.6吨，镜筒长17米。因为这架望远镜建在爱尔兰帕森斯镇，所以人们称它为"帕森斯镇的大海怪"。

# 牛郎织女真的能相会吗?

牛郎、织女每年农历七月初七鹊桥渡河相会的神话故事在我国恐怕是家喻户晓。牛郎星和织女星正好位于天河的两边，那么牛郎星和织女星真能一年一度相会吗？

仲夏初秋的夜晚，我们仰望天空，可以看到一条白茫茫的"天河"。这不禁让人想到"牛郎和织女鹊桥相会"的故事，它让我们觉得"织女星"和"牛郎星"好像相距很近。

可事实上，牛郎星和织女星并非"般配"的夫妻，也就不可能相会啦。

牛郎星是天鹰星座中的一颗亮星，天鹰座位于银河的东南侧；而织女星则是天琴座中最亮的一颗星，天琴座位于银河的西北侧。

它们之间的距离大约有 16.3 光年，如果真的要在它们之间架座桥，这座桥可以在地球和太阳之间往返 50 万个来回！步行走过这座桥要花两亿年，喷气式飞机要飞几千万年，即使双方通个电话，一方把话传出去以后，要隔 30 多年才能听到对方的回音！你想想，这么远的距离，"牛郎"和"织女"能够在一夜之间相会吗？

## 牛郎星和织女星

牛郎星和织女星是两颗像太阳那样的恒星，它们也是能够自己发光发热的。牛郎星正式的中国名称是河鼓二，它和其他几颗星组成一个星座，叫天鹰座。织女星正式的中国名称是织女一，它和其他几颗星组成一个星座，叫天琴座。

## 天琴座

夏夜，在银河的西岸有一颗十分明亮的星，它和周围的一些小星一起组成了天琴座。

天琴座在天文学上非常重要，而且在很多国家还流传着关于它的一些动人传说呢！在古希腊，人们把它想象为一把七弦宝琴，这便是太阳神阿波罗送给俄耳甫斯的那把令无数人心醉神迷的金琴。我国古代则把天琴座中最亮的那颗 α 星叫作织女星，这个典故来源于"牛郎织女"这个美丽的神话故事。而在织女星旁边，由四颗暗星组成的小小菱形就是织女织布用的梭子。

织女星是全天第五亮星，它离我们 26 光年，是第一颗被天文学家准确测定距离的恒星。

像狮子座一样，天琴座也有一个很著名的流星雨，它出现于每年的 4 月 19 日至 23 日，其中尤以 22 日最壮观。世界上关于它的最早记录出现在《春秋》里，即"夜中，星陨如雨"。4 月下旬，天琴座会在凌晨四五点的时候升到天顶，要想更清楚地看到流星雨，又得早起了。

# UFO 是飞碟吗？

在引人入胜的动画世界里，人们时常把飞碟和 UFO 等同起来，那它们到底是不是同一种物体呢？

UFO 是英文 unidentified flying object 的缩略形式，意思是"不明飞行物"。

而"飞碟"一词的来历倒是挺有趣的。1947 年 6 月 24 日，美国一个叫阿诺德的人，独自驾驶一架飞机在华盛顿上空兜风，看见 9 个扁扁的发光体排成行，在雷尼尔山附近飞行。他说这些发光体飞行时很像碟子在水面上滑行。一位新闻记者听后，灵机一动，给它们起了个名字叫"飞碟"（flying saucer）。

以后，看到奇怪飞行物的报告一个接一个。目击者记述，飞碟的形状有上百种，大多数呈碟形、椭圆形、圆柱形、球形等。它们在夜空中能够发出十分耀眼的光亮。于是，人们便将那些看起来像是未知的、受智慧操纵的空中交通工具统称为幽浮（UFO 的中译音）。

因此飞碟是 UFO 的一种，而 UFO 所包括的可不仅仅是飞碟呢！

## 不断发现 UFO 的报告

1947 年美国人阿诺德首次报告不明飞行物以来，世界各地不断有发现 UFO 的报告。1954 年夏，美国军方雷达曾多次在首都华盛顿上空发现不明飞行物；1978 年 11 月，科威特石油公司的 7 名技术人员发现地面上有不明怪物；1978 年 12 月 22 日下午，澳大利亚空军飞行员发现了时速 1 800 千米的不明飞行物。

中国古代的一些书籍中也记录了有关不明飞行物的事件。另外，在中国，20 世纪 70 年代以来也屡有 UFO 的目击报告。

## 飞碟出现时会有哪些独特现象？

飞碟的外形多种多样，如碟形、雪茄形、草帽形、球形、陀螺形等，其外形尺寸小者如乒乓球或指甲，大者（雪茄形）长达数千米。飞碟的独特现象有：高速；高机动性；能时隐时现；发光；有的有放射性现象；有的有电磁干扰；地球的武器对它束手无策。

## 真有外星人和飞碟吗？

多年来，关于外星人和飞碟的报道层出不穷，很多人声称看到过外星人和飞碟。但是到目前为止，还没有人能确切地证明外星球文明的存在，谁也不能明确地说出外星人到底长什么模样。

不过，天文学家还是相信，银河系里应该有像人类这样的文明世界存在。也许有一天，我们真能找到外星人，并且和他们成为好朋友呢！

# 地球自转速度为何时快时慢？

## 地球自转速度的三种变化

20世纪初以后，天文学界有一项重要发现：地球自转速度是不均匀的。人们已经发现的地球自转速度有以下三种变化。

一、长期减慢。这种变化使日的长度在一个世纪内增长了1毫秒至2毫秒，使以地球自转周期为基准所计量的时间，2 000年来累计慢了2个多小时。

二、周期性变化。20世纪50年代从天文测时的分析中发现，地球自转速度有季节性的周期变化，春天变慢，秋天变快，此外还有半年周期的变化。

三、不规则变化。地球自转还存在着时快时慢的不规则变化。

## 发生变化的原因

地球自转速度发生变化的主要原因是海平面的上升与下降。海平面上升，地球质量分布半径增大，转动惯量增大，自转速度变慢；海平面下降，地球质量分布半径减小，转动惯量减小，自转速度加快。而海平面的升与降，又是由冰川融水量决定的。融水多，海平面就上升；融水少，海平面就下降。例如：1870年，气候寒冷，冰川不易融化，海平面降低，地球自转速度加快；1903年，气温高，南极冰川厚度比1870年减少了25米，致使海平面上升，地球自转速度变慢。在一年之内，八九月份冰川融水量最多，海平面上升，地球自转速度变慢；而三四月份冰川融水量最小，海平面降低，地球自转速度加快。

◀ 地球自转过程演示

# 新概念武器

现代社会高技术的发展正在从各个方面对我们的世界造成影响，新概念的产生，使得现代军队的武器装备也在发生着巨大的变革，并且出现了新概念武器。那么，新概念武器指的是什么呢？

新概念武器是一种用高技术研制成的更具杀伤力的武器系统，主要由定向武器、动能武器和军用机器人三部分组成。它能使武器的能量沿着一定方向传播，能够发射高速度的弹头，使之在一定范围内产生巨大杀伤破坏，还能使用高科技机器进行侦察、执行战斗任务等众多功能。有些武器还可以控制攻击范围，以免造成更大的伤亡。

随着科技的发展，未来还将制造如气象武器、深渊战略武器等更多类型的武器。

## 定向能武器

定向能武器技术是指与产生和发射束能集中的电磁能或原子／亚原子粒子有关的高新技术。定向能武器发出的能束，可对目标的结构或材料及电子设备等特殊分系统、系统进行硬破坏，也可以通过调节功率的大小对目标进行软破坏。

目前，发展中的定向能武器主要包括激光武器、高功率微波武器和粒子束武器等。

## 为什么要使用新概念武器呢？

新概念武器经过战争的考验取得了卓越的成效，各国军事机构竞相开发。这类武器中最有代表性的有强激光武器、网络攻防武器及高能微波武器等。它们的主要作战目的是通过摧毁、破坏、削弱敌方的战斗力来降低敌方信息系统的效能，直至使敌方的信息作战体系瘫痪。

▲工作人员正在检查飞机

# 核武器

一个小小的躯壳竟能释放如此巨大的能量，实在令人惊讶，也令人难以置信。然而事实胜于雄辩，它用不争的事实创造了一个世界奇迹，这就是核武器。到底什么是核武器呢？

核武器是利用原子核的裂变或聚变反应释放的能量，产生巨大爆炸作用的大规模杀伤武器。其中利用铀-235或钚-239等重原子核的裂变链式反应原理制成的裂变武器，称为原子弹；利用重氢或超重氢等轻原子核的热核反应原理制成的热核武器或聚变武器，称为氢弹。

核武器爆炸后，能够瞬间释放巨大的能量，并产生光辐射、冲击波、早期核辐射、核电磁脉冲和放射性沾染等5种威力巨大的杀伤破坏效应。

按作战使用范围，可分为战略核武器和战术核武器两大类；按配用的武器，可分为核弹头导弹、核炸弹、核炮弹、核地雷、核水雷、核鱼雷和核深水炸弹等。

战略核武器是用于攻击战略目标的核武器，作用距离可达上万千米，核爆炸威力通常有数十万吨、数百万吨，甚至上千万吨梯恩梯当量。主要运载工具有陆基战略导弹、携带核航弹的远程轰炸机、潜基战略核导弹，以及近程攻击核导弹和巡航导弹等。攻击的主要目标是军事基地，交通枢纽，工业基地，以及政治、经济、军事中心等。

战术核武器是用于打击战役战术纵深内重要目标和战斗力量的核武器，主要有战术核导弹、核航空炸弹、核深水炸弹、核地雷、核水雷和核鱼雷等。主要运载和发射工具有火炮、导弹、飞机、水面舰艇和潜艇等。战术核武器的主要特点是体积小、重量轻、机动性好、命中精度高、爆炸威力大。主要打击的目标有导弹发射阵地、指挥所、集结的部队、飞机、舰船、坦克集群、野战工事、港口、机场、铁路枢纽、重要桥梁等。

▲氢弹爆炸

# 化学武器

在第一次世界大战期间,曾有国家在战争中使用过化学武器,它产生的负面影响及造成的伤害让人痛心。用"毒剂"战斗的化学武器究竟是什么呢?

化学武器是利用化学毒剂的毒害作用杀伤、损耗敌方有生力量,迟滞、困扰其军事行动的各种武器、器材的总称。它的作用就是将毒剂分散成蒸气、液滴、气溶胶或粉末状态,进而使它所碰触的物体染毒,以杀伤和迟滞敌军行动。

化学武器的威力虽然巨大,但是也会受到外界的影响,毒剂的种类、使用方法、生物体对它的防护程度、地形和气象等条件都会影响它的杀伤效力。

## 化学武器的类型

化学武器按毒剂分散方式可分为三种基本类型。

一、爆炸分散型:借炸药爆炸使毒剂成气雾状或液滴状分散。

二、热分散型:借烟火剂、火药的化学反应产生的热源或高速热气流使毒剂蒸发、升华,形成毒烟(气溶胶)、毒雾。

三、布洒型:利用高压气流将容器内的固体粉末毒剂、低挥发度液态毒剂喷出,使空气、地面和武器装备等染毒。

▲工作人员进入染毒现场

# 生物武器

生物是大自然中最单纯、最美丽的精灵,它使自然富有灵气,使大地富有色彩。但是在战争中,却存在着一种专门以生物为战剂来摧毁各种生物体的武器,那就是生物武器!

生物武器是以生物战剂杀伤有生力量和破坏植物生长的各种武器、器材的总称,旧称细菌武器,包括装有生物战剂的炮弹、航空炸弹、火箭弹、导弹和航空布洒器、喷雾器等。它攻击的目标通常是工业中心、交通枢纽、军事基地、大兵团集结地区等,可使人畜发病或死亡,也可以大规模毁伤农作物,从而削弱对方战斗力及战争潜力。由于生物武器会大规模伤及无辜平民,国际上一贯反对使用这种武器,并缔结了《日内瓦议定书》(全称《关于禁用毒气或类似毒品及细菌方法作战议定书》)。中国也是缔约国之一。

## 生物武器的发展阶段

生物武器的发展有三个不同阶段。

一、20世纪初至第一次世界大战结束为第一阶段,主要研制者是德国。

二、第二阶段是20世纪30年代至70年代,此阶段生物武器发展的特点是战剂种类增多、生产规模扩大。

三、第三阶段始于20世纪70年代中期,其特征是生物技术迅速发展。

## 关于《禁止生物武器公约》

《禁止生物武器公约》(全称《禁止细菌(生物)及毒素武器的发展、生产及储存以及销毁这类武器的公约》)草案于1971年9月28日由美国、英国和苏联等12个国家向第26届联合国大会联合提出,联合国大会经决议决定推荐此公约。1972年4月10日分别在华盛顿、伦敦和莫斯科签署。1975年3月26日公约生效,各国在自愿的基础上遵守该公约。截至2014年4月,已有170个国家批准或加入。由于缺乏必要的核查机制,加上有一些措辞不严谨,公约的执行与监督困难重重。为此,公约签字国曾于1980年、1986年、1991年、1996年和2001年就该公约举行过五次审议会议。

《禁止生物武器公约》共15条,主要内容是:缔约国在任何情况下不发展、不生产、不储存、不取得除和平用途外的微生物制剂、毒素及其武器;也不协助、鼓励或引导他国取得这类制剂、毒素及其武器;缔约国在公约生效后9个月内销毁一切这类制剂、毒素及其武器;缔约国可向联合国安理会控诉其他国家违反该公约的行为。

# 氢弹为什么被称为热核武器？

最初制造的氢弹是以氢的同位素氘和氚作为核聚变装料的，所以人们把这种武器称为氢弹。可是，为什么在一些场合又把它称为热核武器呢？

氢弹爆炸时，会形成几千万摄氏度的超高温。在这样高的温度下，氘和氚的核外电子都被剥离了，形成了一团由裸原子核和自由电子组成的气体，氘和氚的核子以每秒几百千米的速度相互碰撞，并剧烈地进行合成反应。在形成新氦的同时，放出大量的聚变能量，从而完成爆炸过程。因为这种聚变反应是在极高温度下进行的，人们称之为热核反应。反应所用的轻核材料叫热核燃料，所以利用这种材料进行爆炸的氢弹，也就叫作热核武器了。

氢弹是根据核聚变反应的原理研制而成的。这个原理在一定程度上讲，是科学家在对太阳进行研究的过程中得到启发的。

早在20世纪初期，科学家就开始了对太阳能的研究工作。他们发现，太阳的光和热绝不是一般的燃烧过程所能产生的，它的巨大能量一定还有其他产生途径。终于，科学家发现，原来太阳内部每时每刻都在进行氢原子核和其他元素原子核间的热核反应（也叫核聚变反应）。以后，在原子弹爆炸成功的基础上，科学家就运用这一原理研制出了氢弹。

世界上第一颗真正意义上的氢弹爆炸是1954年实现的，时隔13年，我国于1967年成功地爆炸了第一颗氢弹，从而打破了超级大国对核武器的垄断和控制。

## 氢弹之父

爱德华·泰勒在美国的国防和能源政策方面发挥过重大作用。他全力以赴推动了美国原子弹和氢弹的研制，因此被称为氢弹之父。

他一生获得过无数的奖励和荣誉，其中的著名奖项包括阿尔伯特·爱因斯坦奖、恩里科·费米奖及国家科学奖，2003年7月23日，他还被授予了"总统自由勋章"。同年9月9日，他在旧金山的家中去世，享年95岁。

▲氢弹爆炸

# 原子弹的由来

利用铀-235 或钚-239 等重原子核裂变反应，瞬时释放巨大能量的核武器，就是原子弹。

原子弹是科学技术的最新成果迅速应用到军事上的一个突出的例子。从 1939 年发现核裂变现象到 1945 年美国制成原子弹，只经过了 6 年。

1939 年 10 月，美国政府决定研制原子弹，截至 1945 年造出了三颗，一颗用于试验，两颗投在日本。1945 年 8 月 6 日投到广岛的原子弹，代号为"小男孩"，重约 4.1 吨，威力约相当于 1.5 万吨梯恩梯炸药。同年 8 月 9 日投到长崎的原子弹，代号为"胖子"，重达 4.5 吨，威力约相当于 2 万吨梯恩梯炸药。

其他国家爆炸第一颗原子弹的时间是：苏联——1949 年 8 月 29 日；英国——1952 年 10 月 3 日；法国——1960 年 2 月 13 日；中国——1964 年 10 月 16 日；印度——1974 年 5 月 18 日；巴基斯坦——1998 年 5 月 28 日；朝鲜——2006 年 10 月 9 日。

1945 年以来，原子弹技术不断发展，体积、重量显著减小，技术性能日益提高。

此外，如何提高原子弹的突防和生存能力及安全性能，也日益受到重视。

### 原子弹爆炸后为什么会出现蘑菇云？

原子弹爆炸时，会产生高达几十万摄氏度的高温，这个处在高温高压下的火球会从爆炸中心向四周激烈扩散。仅仅几秒钟之后，火球就会变成烟球，并且向阻力最小的方向——天空冲去，一下子冲到几百米的高空，而且一面上升，一面向四周扩展，就形成了蘑菇状的烟云。

▲原子弹爆炸后的情形

# 威力巨大的激光武器

激光武器是利用激光的能量直接杀伤或破坏目标的一种定向能武器。它是核武器的克星,也是未来实施太空战的最理想武器。你知道激光武器为什么会有这么大的威力吗?

激光武器能够在短时间内产生高能激光束,激光的传播速度快,每秒约30万千米的传播速度是任何军事目标的移动速度都无法与之相比的。它在传播过程中的散射角很小,光束非常稳定,加之其"弹道"几乎是直线,所以射击数千千米以外的目标时能保证有足够的能量密度来杀伤目标。而且,激光武器可以通过太阳能获得足够的能量以实现无限次发射,因此激光武器的持续作战能力强,可以对付众多的目标。

激光武器还能产生高能的热应力,不但能引爆核弹头,同时能产生巨大的冲击力,甚至可以在全球范围内有效拦截助推段战略导弹,因此被誉为核武器的"天敌"。

## 激光武器的研究现状

目前,各大国对激光武器的研究十分重视,组织了庞大的队伍,投入了巨额资金,因而取得了长足的进展。例如,进行了一系列的激光武器打靶试验,用激光破坏了不同距离的光电装备,还用激光武器装置击落了炮弹、靶机、反坦克导弹和空空导弹等飞行目标。

现在,最成熟的激光武器应属激光致盲武器,这种武器不但可在战场上使用,也可用来维持治安。

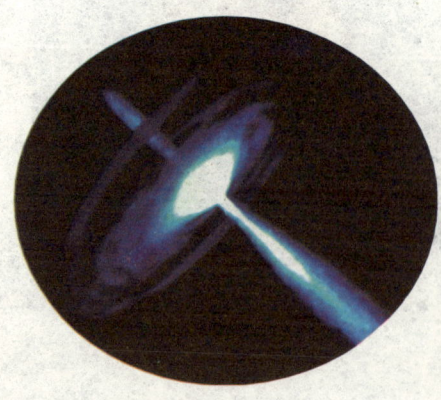
▲穿透力极强的激光

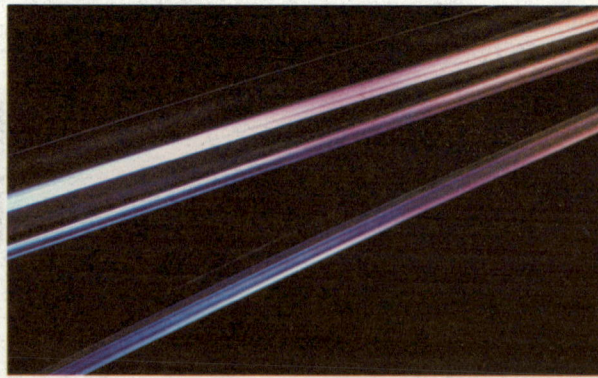
▲激光束

# 火箭炮

火药是我国古代四大发明之一,它的出现催生了威力强大的火箭。在现代的国防和战争中,改革后的新型火箭炮在战斗中也具有重要的地位。那么火箭炮为什么威力巨大呢?

火箭炮又称多管火箭炮,是炮兵武器装备里的火箭发射装置,主要功能是引燃火箭弹的点火器或给火箭弹指明初始飞行方向。

因为火箭本身靠自身的推力器进行飞行,所以不需要有笨重的炮身和炮闩去承受巨大的膛压,而且可以连发多射,并发送较大的火箭弹。

火箭炮的发射速度快、火力猛,加之其射弹散布大,可以实现对多目标的射击,非常适合突袭进攻。

## 火箭炮的历史

世界上第一门现代火箭炮是1933年苏联研制成功的BM-13型火箭炮,最大射程约8 500米,可联装16枚132毫米尾翼火箭弹。1941年8月在斯摩棱斯克的奥尔沙地区首次实战应用。

最早具有炮管式发射装置的多管火箭炮,是德国于1941年正式装备给部队的158.5毫米6管牵引式火箭炮和280/320毫米6管牵引式火箭炮。

▲12管火箭炮

# 迫击炮为什么能打到山后的目标？

我们都知道，无论是子弹还是大炮，都需要对准目标，再朝其射击。而近现代的战争中有一种名为迫击炮的武器，它与众不同，因为它可以打到山后看不见的目标。那它到底具有怎样的威力，是如何打到山后看不见的目标的呢？

迫击炮是一种曲射火炮，它常常伴随步兵作战。迫击炮发射时，它的射角特别大，最小射角45°，最大射角85°，几乎接近垂直。所以，连对于山后面看不见的目标都可以通过事前定位达到打击的目的。

时至今日，为适应战场需求，特别是反恐作战需求，迫击炮作为步兵武器与军队信息化同步发展，以作战需求为导向，不断更新技术，以此来适应新环境。所以，它仍然是陆战场上不可或缺的火力支援力量。

**在现代战争中，迫击炮仍在广泛应用吗？**

从阿富汗战争、伊拉克战争等几场局部战争看，双方激战往往发生在高楼林立的城市及草木丛生、地势险峻的山地丛林，步兵作战明显增多。即使陆军兵器的信息化发展和各种灵巧弹药的不断涌现，使得迫击炮的地位、作用有所下降，但它在某些特殊的战斗中仍然起着不可替代的作用。

▲PP87 式 82 mm 迫击炮

▲120 mm 迫击炮系统试验

# 导弹

导弹的巨大威力总是让人闻之生畏，因为它的毁灭性远远超过传统的子弹、炸弹，而且导弹的种类繁多。那么，导弹到底是什么样的武器呢？

导弹是依靠自身动力装置推进，由制导系统指向目标的武器。

导弹战斗部（弹头）的成分有普通装药、核装药，或是化学、生物战剂等。其中普通装药的称常规导弹，核装药的称核导弹。

导弹按发射点和目标可分为地地导弹、空地导弹、地空导弹、反舰导弹、反坦克导弹、反弹道导弹等；按飞行方式又可分为弹道导弹和巡航导弹；按作战用途则可分为战略导弹和战术导弹等。

## 最早的导弹

导弹是20世纪40年代开始出现的武器。第二次世界大战后期，德国最先在实战中使用了V-1和V-2导弹，从欧洲西海岸隔海轰炸英国。V-1是一种亚声速的无人驾驶武器，射程300多千米，很容易用歼击机及其他防空措施来对付。V-2是最大射程约320千米的液体导弹，由于可靠性差及弹着点的散布度太大，对英国只起到骚扰的作用，作战效果不大。但V-2导弹对以后导弹技术的发展起到了重要的先驱作用。

## 为什么"爱国者"能拦截"飞毛腿"？

在海湾战争中，"爱国者"导弹多次成功地拦截了"飞毛腿"导弹。原来"飞毛腿"是第二代地对地弹道导弹，它在发射后只会沿着固定弹道飞行，而且飞行过程需要好几分钟。"爱国者"是第四代地对空导弹，不仅速度达到数倍声速，还装备了功能强大的探测、计算和制导系统。因此，"爱国者"很轻松地截住了"飞毛腿"。

▼普通导弹

▲反辐射导弹

# 航空母舰

战斗机不适合远程作战,并且需要在各地建立基地。怎样才能拥有一个可在海上移动的占用面积不大的空军基地呢?航空母舰就很好地解决了这一难题。什么是航空母舰呢?

航空母舰是一种大型水面战斗舰艇,它的作战武器主要是舰上搭载的各种作战飞机。它攻防兼备,作战能力强,能执行多种战役战术任务,很具威慑力,因而备受世界各国海军的器重。

航空母舰还有一个优势就是不必占用大面积的土地来修建机场,而且飞机降落时的平稳性很好。

航空母舰这一"海上浮动的机场",发展到今天已成为大国海军力量的核心兵力,是国家综合国力的象征,也是国防力量的缩影。

## 航空母舰的历史

1910年11月,美国飞行员伊利驾机从"伯明翰号"巡洋舰上起飞成功。

第一次世界大战期间,大多数航空母舰都是用巡洋舰、商船等现有舰船改装而成的,当时的航空母舰实际上只是海上浮动机场,没有引起人们的重视。

世界上第一艘专门设计和建造的航空母舰是1922年12月服役的日本海军"凤翔号"。

第二次世界大战期间,英、美等国共建造了180多艘各类航空母舰,航空母舰成了能否取得制海权的重要因素。

目前世界上最先进的航空母舰是美国的"福特级"核动力航空母舰。

▶法国"克列孟梭"号航空母舰

# 坦克

在人们的印象中,坦克是一个庞然大物。它身体笨重,但身手敏捷,因此在战争中受到青睐。那么,坦克到底是一种什么武器呢?

坦克是具有强大直射火力、高度越野机动性和坚固防护力的履带式装甲战斗车辆。坦克靠履带行走,能驰骋疆场、越障跨壕,它不怕枪弹,无可阻挡,能够迅速地突破敌军防线,因此在当时很快便开创了陆军机械化的新时代。

坦克是地面作战的重要突击武器和装甲兵的基本装备,主要用于与敌方坦克和其他装甲车辆作战,也可以压制、消灭反坦克武器,摧毁野战工事,歼灭有生力量。

## 坦克的研制

坦克的研制是从第一次世界大战开始的。英国于1915年开始研制坦克,第二年就投入生产,并将其用于1916年9月15日的对德作战。

从那时起到现在,世界上已经建造了十几万辆坦克,它们成为各国陆军、海军陆战队和空降兵的主战武器。

## 坦克扫雷

在战争中,地雷无疑会给敌人以有力的打击,但战后,战争遗留下来的大量地雷同样给和平年代的人们带来了不可预计的巨大伤害。现在,除了传统的地雷探测器,地雷已经遇到了新的克星——坦克。

坦克扫雷常用三种方式:犁,这需要一种犁刀式扫雷器,其外形酷似耕地的犁,主要利用犁刀将埋在地下的地雷像挖土豆一样翻出来,堆放在坦克两侧。但如果遇到硬土或冻土,利用它来扫雷就困难了。压,就是在坦克前装上一个酷似碾子的大滚筒,利用滚压引爆地雷。这种扫雷器少则七八吨,多则几十吨,引爆地雷不会损坏它一根毫毛。打,在坦克前装上链条式扫雷器,利用高速旋转的链条不断鞭打地面,以引爆地雷。这种坦克卸下扫雷器后就变成普通坦克,能像其他坦克一样参加战斗。

## 反坦克地雷是何时产生的?

反坦克地雷是德国人研制成的。1916年,坦克出现在第一次世界大战的战场上,这导致了反坦克地雷的诞生。受坦克威胁最大的德国人在1918年成功地将炮弹改装成反坦克地雷,用于对付英军、法军的坦克。

在第二次世界大战中,反坦克地雷得到了广泛应用。据统计,当时被毁伤的坦克,有20%是反坦克地雷的战绩。

# 坦克履带

坦克是一种野战武器，能在没有道路、充满沟壑弹坑、泥泞松软的原野上机动作战，威风无比。我们经常能看到坦克拖着长长的履带，走过的地方留下深深的痕迹。那么，坦克上的履带是一种什么装置呢？

坦克上的履带，就像是给坦克铺的一道无限延长的轨道一样，使坦克能够平稳、迅速、安全地通过各种复杂路况。

履带主要由履带板、主动轮、诱导轮、前负重轮、后负重轮等组成。

当坦克发动机工作时，会驱动装在车尾部两侧的主动轮旋转，从而拨动履带板使其在诱导轮的支撑下呈四边形进行转动，坦克自身重量经10个负重轮传给履带，履带运动时与地面产生摩擦力，在地面的反作用下推动坦克向前驶进。

## 坦克履带有哪些重要作用？

履带可以扩大坦克的接地面积，从而增大坦克在松软、泥泞路面上的通过能力，降低下陷量。

履带板上有花纹并能安装履刺，所以坦克在雨、雪、冰或上坡等路面上能牢牢地抓住地面，不会滑转，可以方便地通过壕沟、垂壁等，甚至可以通过1米高的垂直墙。

履带还有一个特殊功能——在过河时采取潜渡，在河底行走。如果是浮渡履带，还可以像螺旋桨一样产生推进力，驱使车辆前进。

◀ 整装待发的坦克

# 雷达低空盲区

雷达是利用无线电波测定物体位置的无线电设备。

电磁波同声波一样,遇到障碍物要发生反射,雷达就是利用电磁波的这个特性工作的。波长越短的电磁波,传播的直线性越好,反射性能越强,因此雷达用的是微波波段的无线电波。

雷达可以根据无线电波判断目标的准确位置,是有名的"千里眼",它在高空中的作用是举足轻重的。那么雷达盲区又是怎么回事呢?

雷达所发射的电磁波的垂直波束宽度为15°~30°,因此在雷达的周围有一个电磁波不能到达的区域,称为雷达盲区。由于地球表面是球形的,离中心越远它越往下弯曲,无线电波与地球表面就形成一条切线,无线电波无法进入切线以下的地区,那里便成了雷达的盲区。

雷达盲区的实际存在给那些依靠雷达来为目标定位的物体(如飞行器、船只等)造成了很大的麻烦,但同时在军事上也让作战(或战略用的)飞行器找到了一个可利用的安全地带。因此,各国的国防都在针对如何避免低空(或超低空)的军事袭击寻找对策。

## 雷达盲区能得到克服吗?

雷达形成盲区的原因是多方面的,有的能够克服,有的则不行。在一些重要的空防地区,往往采用多部雷达构成的雷达网来减少雷达盲区,但由于地球是球形的,这种盲区只能减少,并不能完全消除。

▲雷达探测器及雷达图

# 地雷炸直升机

地雷和直升机，一个在地上，一个在天上，两者仿佛是两条平行线，毫无交点可言。那么，地雷能炸直升机吗？

人们针对武装直升机超低空飞行、突击的特点，除了设想使用轻武器或各种火炮对付，还想出了利用地雷炸直升机的方法。

智能地雷让地雷炸直升飞机这一前所未闻的事情变成了现实。

随着军事技术的迅猛发展，地雷开始向智能化发展。它不仅长了"耳朵"、"眼睛"和"大脑"，而且还插上了翅膀，可以腾空而起对直升机进行攻击。俄罗斯速度–20型反直升机地雷，是世界上第一个用于实战攻击直升机的地雷。美国AHM反直升机地雷也具备全天候作战的能力，当敌方直升机进入距地雷百米左右的范围时，地雷就发射战斗部将其击落。

用地雷炸直升机是十分经济的，它可以大面积布设，并且能迅速形成对武装直升机的封锁区，是打击武装直升机的又一强兵利器。

## 反直升机地雷是何时产生的？

1994年的一天，美军在一个空旷的试验场检验其新研制的反直升机地雷的战斗性能。当试验用的直升机靶机经过预先埋设在地下的地雷上空做超低空飞行时，地面上的传感器接收到直升机的声音信号，在一声巨响过后，地雷分成数块团状弹撞击直升机并产生了第二次爆炸，直升机被摧毁，试验成功了。反直升机地雷也就产生了。

## 反装甲车地雷

美国和英国还研制出了专找装甲车顶部等"软肋"炸的智能地雷。

美国的ERAM远程反装甲地雷系统就是其中之一。这种地雷从空中着陆后便会自动伸出3根探杆，当探测到目标后，系统会自动转动发射器，对测得的最近目标进行瞄准并实施发射。发射出去的地雷靠红外线寻找跟踪目标，攻击坦克的顶部，然后发射第二枚地雷再度寻找第二个目标。在地雷系统主体内还装有3枚反工兵地雷，以防工兵排雷。

英国的"阿杰克斯"反装甲地雷系统在待发状态下，可以在路旁等候几天。当装甲车以3千米至80千米的时速接近地雷时，地雷能在2米至200米的距离内自动射出破甲弹丸，穿透700毫米以上厚度的装甲。

# 最好的自卫武器——手枪

在我国，手枪的使用仅限于公安部门和部队，但它在国外还是一种用于自卫的武器。自卫的武器有很多，为什么说手枪是最好的自卫武器呢？

手枪是外型小巧，并可随身携带，适合近战和自卫，由单手射击的小型武器。其特点是重量轻，在50米内射击效果最好，在100米内也有良好的射击精度。因为手枪枪管短、重量轻、携带方便、射击精度好、使用灵活，所以相对于其他武器更适于近距离射击，而且不容易误伤到自己，是安全的个人近距离使用的自卫武器。

正是由于手枪具备上述优势，一些人会将之作为自己的防身武器。但在一些国家，由于枪支泛滥，已经对社会的公共安全造成了很坏的影响，各国也在针对这一问题寻找最行之有效的控制（枪支泛滥）手段。

## 无声手枪

手枪有很多种，可以按长短来分，按结构来分，按威力大小来分，也可以按开枪时有无声音来分，无声手枪就是其中的一个种类。那么，无声手枪为什么能无声呢？

无声手枪采用了消音装置，在室内射击时室外听不见声音，反之也一样。但准确地讲，它的称谓应该是微声手枪。

无声手枪还采用了一系列消声措施。

首先，枪弹采用速燃火药，从而大大降低了膛口压力，减小了排气时的噪声；其次，采用了枪口消声装置，进一步降低喷出枪口的火药气体的压力，减小对大气的冲击，从而达到消声的目的；再次，使弹丸飞行速度小于声速，以消除啸声；最后，采用非自动射击为主的射击方式，以减少撞击声。

正是因为采取了这样一些消声手段，无声手枪才会在射击时显得悄然无声。

因为无声手枪的枪声小，还能做到白天射击看不到火焰、夜晚射击看不见火光，十分利于隐蔽，所以它常常被情报间谍人员和特种部队所使用。有了它，情报间谍人员或特种部队在敌后执行侦察、突击任务的时候，就不容易暴露目标了。

# 无壳子弹

在现代防弹装备的不断完善下,由于作战的便捷需要,无壳子弹应运而生。

无壳子弹取代有壳子弹已逐渐成为一种趋势,它与传统的有壳子弹相比,具有什么优势呢?

因为士兵如果携带大量金属子弹投入战斗,作战机动性就会受到影响。所以,在保证装药量不变的前提下,无壳子弹能使子弹的重量大为减轻。

与传统子弹相比,无壳子弹具有很多优势。

其一,没有金属弹壳,这样重量只有传统子弹重量的1/2左右,所以单兵携带子弹量可大幅度增加。

其二,无壳弹射击省掉了抽壳的过程,所以射击时没有弹壳后抛问题,枪的结构大为简化。

其三,射速快,几乎没有产生反冲的时间,所以无壳子弹步枪的稳定性好、命中率高、穿透力强,能击穿600米内的普通钢盔。

## 配套步枪

1969年,德国研制出一种与无壳子弹配套使用的G11型无壳弹步枪。

这种新式步枪采用机匣枪托合一结构,枪的后膛有一个独特的转盘,转盘上开有一个方形截面的弹膛,弹仓平行于枪管。其全长约65厘米,枪管长约53厘米,口径4.7毫米,一次能装50发子弹。

这种步枪每分钟可射出500发无壳子弹。

## 液体子弹

液体子弹是一种供近距离使用的警用化学武器。它呈圆柱形,里面装有化学毒剂和低压氮气。

液体子弹可以握在手里,也可以装在口袋里或挂在钥匙链上。其圆筒上有阀门,下压阀门按钮,里面装填的化学液体能立即经导液管从喷嘴射出,形成射流。

由于空气的阻力和部分药剂的蒸发,射流到达一定距离后,会分散为液滴,继而变成颗粒。这些液滴颗粒会使对方眼睛剧痛、流泪,看不见东西;呼吸紧迫、胸闷、打喷嚏、晕头转向;皮肤疼痛难忍并伴有烧灼感;在20分钟之内丧失反抗能力。

液体子弹携带方便、使用安全,能击倒多名袭击者,因此可与任何手枪媲美,成为特警人员的得力武器。

# 防弹服

随着科技的发展,恐怖分子的行动也日益升级,因此维护和平的武装部队人员的生命安全越来越受到威胁,这时防弹服就要发挥其效用了。那么,防弹服为什么能防弹呢?

防弹服是一种使人体躯干免受弹丸或弹片伤害的单兵防护军服,由防弹层和衣套制成,多呈背心状。

衣套常用化纤织物制作,起覆盖和保护防弹层的作用;防弹层用金属、玻璃钢、陶瓷、尼龙等硬质和软质材料单一或复合制作,能使弹头、弹片弹开或嵌入,并消释冲击动能,对人体胸、腹部有良好的防护作用。

防弹层的厚度,根据不同使用对象,以防护性能与穿着舒适之间的最佳平衡数确定。

军人穿着单兵防弹服,能显著减少战地死亡率和负伤率。

## 防弹服的历史

一战期间,战场上人员伤亡惨重,有关专家从古代铠甲中得到启发,在大战末期研制出第一代防弹服。

二战中,碎弹片造成的伤亡仍占60%左右,人们对防弹服的研制越来越重视。

20世纪40年代初,美国和西欧一些国家开始研制钢合金、铝合金、玻璃钢、陶瓷、尼龙等材料的防弹服,并将其用于战场。

20世纪60年代开始出现用优质化纤材料取代优质钢材的第二代防弹服。

20世纪70年代以后,防弹服又有了新的发展。

◀ 中国特种部队防弹服

# 催泪弹

当发生一些骚乱事件时,我们会看到警察向骚乱的人群施放催泪弹,使他们流泪从而失去攻击性,以达到平息骚乱的目的。那么,催泪弹里面到底装了些什么?为什么会使人流泪呢?

催泪弹是一种能使人涕泪俱下的武器,因为在它体内装着一些化学物质。这些化学物质一旦被释放出来,就能刺激人的眼睛,使眼睛灼痛、怕光和大量流泪。只要在15分钟内离开释放区,这些症状就能自行消失,对眼睛也不会造成实质性的损伤。但是如果在这样的环境里待得太久,眼睛受到长时间的刺激,可能就会出现结膜炎等疾病的症状。

对付催泪弹最有效的方法就是戴上防毒面具,掩住口鼻、眼睛等部位,防止化学物质进入体内。

催泪弹里装有不同种类的化学物质,其作用的强弱也不相同。装西埃斯(CS)的叫西埃斯催泪弹,对眼及喉均有明显的刺激作用;装苯氯乙酮的叫苯氯乙酮催泪弹,以眼的刺激症状为主……

催泪弹可通过炮弹、毒气罐、手榴弹及粉尘布洒等多种方式施放。

## 非致命性警用武器

从资料上看,一些发达国家的非致命性警用武器的发展达到了非常高的水平。美国有一种名叫"太妃糖枪"的远距离肩挎式黏胶泡沫喷射武器,它喷射出的泡沫一旦射中人体,在空气中便会迅速变成像太妃糖一样的黏稠的胶体,使人失去活动能力;还有一种叫"肥皂泡沫枪"的武器,它可以射出非常黏稠的肥皂泡,使处于泡沫之中的人看不见、听不见,也不能行动;美国还装备了一种深受警察欢迎的"万能胶枪",它喷出的超强黏合剂若作用于罪犯,则使其接触什么,就黏住什么,能有效地制止其逃逸或继续犯罪。

在一些突发事件,如劫持、抢劫等事件当中,犯罪嫌疑人固然有可能给受害者造成生命和财产的损失,但警方采取的不恰当措施也会损害犯罪嫌疑人或其他人的生命、健康等。使用非致命性武器就比较安全。

▲手榴弹

# 水上飞机

随着现代科技的发展，水上交通工具日益更新，由原始的独木舟、竹筏、兽皮船，发展到现代的巨轮。水上飞机则是新型交通工具之一。那么，究竟什么是水上飞机呢？

水上飞机是能在水面上起飞、降落和停泊的飞机，简称水机。其中有些水机也能在陆地机场上起降，因此又被称为两栖飞机。

水上飞机分为船身式飞机和浮筒式飞机两种。

船身式飞机具有特殊形状的机身（船身），能适应水上滑行的要求，有单船身式和双船身式两种。

浮筒式飞机一般是在普通飞机机身下安装浮筒，又分单浮筒式和双浮筒式两种。

单浮筒式和单船身式的水上飞机，在机翼左右两侧下方安装有支撑浮筒，以保证水面滑行的稳定。

两栖飞机则在船身或浮筒上安装可收放的起落架，在水上起降时收起，在陆上起降时放下。

## 水上飞机的特点

水上飞机的主要优点是可在辽阔的海面活动，地面辅助设施简单，不需要占地宽广的机场。同时水面机场不受飞机吨位限制，飞行安全。

水上飞机的缺点是机身形状特殊，浸水部位要求密封，对抗浪性和防腐蚀性能要求高，这使结构重量增加、气动性能下降、制造工艺复杂、水上维修不便。

▲水上游乐飞机

▲A2C 轻型水上飞机

# 无人驾驶飞机

无人驾驶飞机是由无线遥控设备或自备程序控制系统操纵的不载人飞机，简称无人机。它不但能避免由意外引起的伤亡事故，而且造价低廉，是一种比较安全实用的空中飞行器。无人驾驶飞机到底是怎么回事呢？

无人驾驶飞机探空系统由微型无人驾驶飞机、数字化探空仪和地面接收控制系统组成。它结构简单，造价低廉，能完成有人驾驶飞机不宜执行的多种任务，在军事上已得到广泛应用。

无人驾驶飞机具有自动导航、自动驾驶功能，它采用的是全球卫星定位导航系统。飞机在自动控制系统下能完成预定航线的飞行，并实时地将飞机的飞行轨迹和探测数据传送到地面。地面接收控制处理系统能显示飞机所在位置的经纬度、高度和探测资料，并发出控制指令。

## 无人驾驶飞机的诞生

最早研制无人机的国家是英国。

1914年，英国的卡尔德尔将军和皮切尔将军提议研制无人机，被当时的军事航空学会理事长亨德森爵士采纳。研制组由前英国星际学会主席A.M.洛教授负责。为保密，研制工作代号为"AT"。

1917年年初，世界上第一架无人机研制出来了。这是一架由无线电操纵的小型单翼机，是由杰弗里·德哈维兰制作的。第一次试飞，飞机起飞后发动机突然熄火，一头栽进泥塘。第二次试飞时，开始时飞机在空中飞行正常，但翻了一个筋头后发动机再次熄火，飞机坠落在A.M.洛教授的眼前。

由于当时的许多技术难题无法解决，"AT"计划被迫停止。但AM·洛教授并没有丧失信心，英国皇家飞机研究所在政府的资助下，继续进行无线电遥控飞机试验，终于在20世纪30年代初研制成功由无线电操纵的无人靶机。

◀侦察机

# 鸟人飞行器

自古以来，人们就羡慕鸟儿能在天空中自由地飞翔，也尝试过用各种方法来实现在空中飞翔的梦想。正因为人的智慧是无穷的，所以便有了鸟人飞行器。那么，什么是鸟人飞行器呢？

鸟人飞行器是一种把人和机翼巧妙地融为一体的带动力飞行器。它的外形犹如一个小人钻进大蜻蜓的肚子里，人体充当机身，一套几折的超轻型机翼缚在人体的脊背上，两台微型涵道风扇发动机置于大腿两侧。

起飞时，鸟人飞行器飞向天空要靠发动机产生的推力把人缓缓托离地面。尽管动力不大，却能使人以 176 千米每小时的速度飞行，最远可飞 240 千米。

鸟人飞行器无需专门的机场和跑道，只要有块空地就可以完成起降。

## 鸟人飞行器具备哪些优点？

鸟人飞行器的优点是不依赖任何起降装置，对起降环境没有任何特别的要求，加上其飞行技术简便易学，便于携带，特别适合装备特种部队。

另外，这种飞行器还配有自动驾驶仪和目标探索雷达等现代化装置，机翼上装有多管机枪，可随时对地面目标发起攻击。使用者既可执行武装巡逻任务，又可负责偷袭、营救等任务。

## 关于人类挑战鸟人的历史

1852 年 9 月 24 日，法国人亨利·吉法尔把氢气充入气囊，驾驶着飞艇，从巴黎郊外跑马场起飞，以 8 千米每小时的速度飞行了 27 千米，创造了世界上第一次飞艇飞行的纪录。

1903 年 12 月 17 日，美国的莱特兄弟发明的带动力装置的飞机第一次试飞成功，在 59 秒内飞行了 260 米。

1939 年 8 月 27 日，德军研发的"梅塞施米特 Me262"战机是世界上第一架能够成功运行的喷气式飞机。

1947 年 10 月 14 日，由 B-29 母机投放的贝尔 X-1 火箭飞机首次突破声速飞行，驾驶员为美国的查尔斯耶格。

1969 年 7 月 20 日，美国宇宙飞船"阿波罗 11 号"载着阿姆斯特朗等三位航天员，谱写了人类第一次登陆月球的纪录。

1981 年 4 月 12 日，"哥伦比亚号"航天飞机首次发射，它是第一艘飞上轨道的航天飞机，也是人类第一架可重复使用的太空飞行器。

# 预警机

为了给战机提供早期预警，使其不至于匆忙进入战区，预警机应运而生。那么预警机到底是怎样的飞行器？又演绎了怎样的一番神秘呢？

预警机又称空中指挥预警飞机，它集指挥、控制、通信和情报于一体，其实就是空中预警雷达和作战指挥中心。

通俗点讲，现代空战体系就是一个空中无线局域网，预警机是服务器，各个作战飞机及其挂载的空空导弹是一个个终端。主机和终端之间可以进行数据交流，有些是双向的，有些是单向的。

▲鹰眼预警机

预警机的雷达性能比战斗机单机的雷达要强很多，这使它可以为战斗机提供早期预警，不至于战斗机仓促进入战区，造成不必要的损失。

## 预警机的重要作用

第二次世界大战后期，为了对付低空飞机、增加预警时间，空中预警机诞生了。

现在，预警机能监视来自各个方向数百千米以外的空中目标，而且能引导和指挥己方战斗机进行拦截，其作用经过多次局部战争已得到充分证明，后来又发展为反走私和缉毒的有力工具。很多国家都极为重视这一机种的研究与使用。

▲E-3"望楼"预警机

# 核冬天

第二次世界大战中，我们知道了一种破坏性极大的化学物质——核，科学家都非常担心使用这样的武器会导致核冬天的出现。那么，核冬天是怎么回事呢？

核冬天是理论推断下的一种假说，内容包括：在一场大规模的全面的核战争中，核弹爆炸在短时间内所产生的数百亿吨尘埃和烟云会把地球团团地笼罩起来，隔断阳光照射，引起内陆和海洋气温骤降，造成长达数月甚至数年不见天日的黑暗和极度严寒，这种恶劣的气候条件会使植物的光合作用中断，导致各种动物死亡、植物枯萎，其中自然也包括人类，地球也许将再现恐龙灭绝的自然景象。

有许多科学家试图预测大规模核战争的气候效应，其中最著名的是1983年"TTAPS"小组（理查德·特科、布赖恩·图恩、托马斯·阿克曼、詹姆斯·波拉克和卡尔·萨根五位科学家的姓氏首字母缩写）的研究成果。

TTAPS（常常被读作 T-Taps）小组受到火星沙尘暴致冷效应的启发，使用一个地球大气层的二维简化模型计算了核冬天效应，结果发现全面核战争可能导致内陆地区的温度降至 $-40\ ℃$。

## 核冬天会带来什么后果？

过去人们以为核大战仅仅会对核爆炸地区造成大量伤亡和破坏，1988年5月23日联合国警告世界，核大战不仅可以直接杀伤数亿的生命，而且会严重地破坏地球气候和生态环境。

有的地质学家认为，恐龙就是由于宇宙物体撞击地球造成森林大火，炭灰弥漫空中，犹如核爆炸，地表气温下降，气候恶化，而恐龙无法适应才灭绝的。

生物学家分析，"核冬天"带来的后果将会非常严重，它会使地面持久低温、天空亮度很低、高剂量有毒污染物充斥大气层，会破坏生物圈对人类生存和文明的支持。在很长时间内，农作物和自然经济作物的收获量将大幅度削减，核战幸存者也将面临饥饿，生活在黑暗而冰冻的环境中，并暴露在高强度辐射下，难以生存。

# 电子战

科技的发展步伐是人难以估量的，战争的领域也越来越宽，不仅包括陆地战、空间战、海上战，现在还出现了电子战。那么，什么是电子战呢？

电子战是指敌对双方争夺电磁频谱的使用和控制权的军事斗争，包括电子侦察与反侦察、电子干扰与反干扰、电子欺骗与反欺骗、电子隐身与反隐身、电子摧毁与反摧毁等。

由于军队电子化程度的迅速提高，电子战成为被直接用于攻防的作战手段，形成了"陆、海、空、天、电"多维立体战。保证已使用的电磁频谱、防止敌方使用电磁频谱的斗争成为现代战争的第四维战场，大规模电子战将贯串战争的始终。

未来的高技术战争中，电子战将发挥巨大作用，没有制电磁权就谈不上"制天、制空、制海、制陆"权。

## 电子战系统的技术发展

第二次世界大战期间，无线电电子设备在军事上大量使用。敌对双方千方百计地使敌方电子设备失效或降低效能，同时又想方设法地保证己方的电子设备正常工作，从而拉开了电子战的序幕。有一次苏军包围了一个德军的重兵集团，苏军通信干扰部队对被包围的德军进行了强烈的通信干扰，使德军重兵集团与希特勒大本营的通信联络中断，最后俘虏了所有德军。

随着电子战威胁的升级，电子战系统的技术也在相应地发展。例如，随着红外制导、雷达制导导弹的发展，军用飞机、舰船和装甲车都受到了威胁。因此，对抗制导武器和干扰敌方通信已成为电子战系统的主要目标。

1994年，电子战系统在综合化、采用标准电子组件、利用商品元器件方面取得了重大进步。

▲测试通信设备

电子战实际是敌对双方科学技术水平的竞争，是看不见的，但它对现代战争的成败有着重大的影响。现在，世界上许多国家都增编了电子对抗部队，设立了电子战研究机构，有的还在统帅部及各军兵种中建立了电子战指挥机构。

# 动物在战争中能发挥什么作用？

在人类战争中，我们时常可以看到动物的影子，它们被人类训练后也能出色地完成某些任务，起到一些人类起不到的作用。那么动物在战争中能发挥什么作用呢？

动物因为某些方面的功能比人类更具有优势而被使用到战争中。它们常被任命完成突袭和侦察等任务，比如狗。

生物学家研究表明，狗的鼻腔中有一种特别灵敏的嗅觉细胞，数量比人多上万倍。狗凭着它天生特殊的嗅觉能嗅出埋在地下30厘米深处的炸药和地雷，能借着气味找出一定时间内埋雷人员的行动路线。而且因为其胸前、前腿上的毛特别敏感，凭触觉也能发现地雷。

另外，大象、鸽子、马、海豚等许多动物，都曾被应用到战争中。

## 动物纪念碑

为了纪念动物为人类做出的贡献，人们为这些动物建立了各种纪念碑。

在希腊十二群岛州首府罗得，有一些双鹿青铜雕像。据说曾经有两只鹿用蹄子将一盘毒蛇踩住，使人摆脱了危险。

英国伦敦有一座特别的纪念碑，这个纪念碑的主角就是所有在第一次世界大战中为人们做出贡献的动物。从萤火虫到大象，这些动物不论大小都被列入纪念碑中，仿佛告诉人们动物不仅是人类在和平年代的朋友，也是战火中的朋友。

1943年，英国动物慈善组织还曾专门设立了一个特别勋章，以纪念勇敢的动物在战争中的出色表现。

在英国有一座鸽子的纪念碑，纪念一只鸽子将一艘美国潜艇发生故障的消息送到岸上，从而使这艘潜艇得救。

19世纪初，澳大利亚有个人从国外带回一株仙人掌。由于仙人掌既可欣赏又可作为防野兽的"刺墙"，人们争相引种，结果仙人掌大量繁殖，土地无法耕种，人们拼命砍伐也不管用。后来，生物学家建议从南美洲引进一种叫"卡克波拉斯"的毛毛虫，它专吃仙人掌。10多年后，毛毛虫消除了仙人掌的危害，于是人们为它在亚布尔纳格城建立了纪念碑。

▲军犬

# 维和部队

和平是全人类的共同愿望，每个国家都希望国土安宁，不受外来势力入侵，于是维护和平便成了军队的重大使命，也因此产生了维和部队。那么，到底什么是维和部队呢？

假如一个国家动乱不安，在联合国的斡旋下达成了和解协议，然后联合国授权一个国家派军队去维持治安，让动乱双方继续谈判，这支军队就是维和部队。

维和部队是联合国安理会领导下的国际社会维护世界和平的重要力量，它维护联合国的宪章精神，在尊重有关国家主权和领土完整的情况下，平息冲突，为和平解决争端创造条件，其目的是维护世界和平。

参与维和队伍的人员除了军事人员，还有民事警察和众多的文职人员等。

## 维和行动的任务和范围

维和行动的任务包括监督停火、停战、撤军；使冲突双方脱离接触；观察、报告局势；帮助执行和平协议；防止非法越界或渗透；维持冲突地区的治安；等等。

近年来，随着国际形势的变化，联合国维和行动的任务、范围也有所扩大，涉及监督选举、全民公决、保护和分发人道主义援助物资，以及帮助扫雷和保护难民重返家园等许多非传统性的工作。

## 维和部队的成立

联合国维和部队是根据有关联合国决议建立的一支跨国界的特种部队，成立于1956年苏伊士危机之际。它受联合国大会或安全理事会的委派，活跃于国际上有冲突的地区。

维和部队士兵头戴天蓝色钢盔或蓝色贝雷帽，上有联合国英文缩写"UN"，臂章缀有"地球与橄榄枝"图案。凡参加联合国维持和平部队的人员，必须被送到设于北欧四国的训练中心接受特种训练，以熟悉维和部队的职能、宗旨、任务和进行特种军事训练。

联合国维和部队执行任务时跟各国特种部队不同，必须公开自己的存在，必须行进在最引人注目的公路、广场、热闹地段等公开场合。

联合国维和部队是联合国维和行动的一种形式，其另两种形式是军事观察团和多国部队。

# 战士为什么穿迷彩服？

我们都应该知道，无论是以前，还是现在，或是将来，每个国家的战士都会穿上适宜自己国家独特环境的迷彩服。那么，他们为什么都会穿上这样的迷彩服呢？

迷彩服在战场上起着非常大的作用。

它有利于军容的严整：部队穿一样的迷彩服，在大规模的作战中，有利于军队的统一调配。

便于战场上的识别：各个国家都会制作适合自己的衣服，颜色也不会相同，这样便于在战场上识别敌我，避免误伤。

对指挥官起到保护作用：战场上大家都穿同样的衣服，指挥官就不至于暴露在敌人的眼皮底下，从而起到保护的作用。迷彩服是根据战场的环境设计出来的，具有隐蔽的效果，能让战士和自然融为一体，不被敌人轻易发现，从而更有利地打击敌人。

## 迷彩服的历史

迷彩是由绿、黄、茶、黑等颜色组成不规则图案的一种新式保护色。迷彩服要求它的反射光波与周围景物反射的光波大致相同，这样不仅能迷惑敌人的目力侦察，还能对付红外侦察，使敌人的现代化侦视仪器难以捕捉目标。

迷彩服最早是作为伪装服出现的，为"三色迷彩服"，后来为"四色迷彩服"，现在世界通用的是"六色迷彩服"。现代迷彩服还可根据不同需要，用上述基本色彩变化出多种图案且可一服多用。同时，迷彩服的表面经过特殊处理后，还具有夜间防红外线侦察的功能，具有式样美观、穿着舒适、结构合理、安全实用的特点。

## 新型迷彩服

随着现代科技水平的高速发展，迷彩服也有了新的发展。

近年，各发达国家已研究出一种新型的迷彩服——"变色龙"伪装服。其材料采用一种光色性染料染色，可随着周围环境的光色变化而自动改变颜色。一般情况下，如果周围环境不变，染料处于一种稳定的状态，色彩不发生变化。一旦环境发生变化，光色性染料受到新的光线和环境主色调的反射，会变成与新的环境大致相适应的颜色，使战士在任何环境下都不会暴露自己。

# 指挥员的"眼睛"——军用地图

地图自古以来就是人们辨别地形、识别方向的重要工具，在军事战斗中，军用地图对军事指挥员来说尤为重要，它就像军事指挥员的"眼睛"。你知道为什么会这样说吗？

军用地图是反映实际地形的最可靠的资料，是指挥员的"左膀右臂"，它是军队组织指挥战斗行动和训练的重要工具。

在军事活动中，军事测量和军用地图的作用尤为明显。特别是在现代大规模的诸兵种协同作战中，精确的测绘成果图更是不可或缺的重要保障。

至于远程武器、人造卫星和航天器的发射，要保证它精确入轨，随时校正轨道和命中目标，除应严格地做好技术工作外，绘制一张精确的导航图更是必不可少的。所以，军用地图可以说是军事指挥员的"眼睛"。

### 世界上最早的地图

我国是世界上最早应用地图的国家之一。夏禹时曾铸过9个大铜鼎，鼎上镌刻着天下九州的山川形势、草木禽兽物产图，是我国最早的地形图。

在1973年12月发掘的长沙马王堆三号汉墓中，有3幅画在绢帛上的地图，其中一幅长98厘米、宽78厘米的《驻军图》用黑、红、青三色绘成。根据与该图同时出土的一件木牍上记有的"十二年二月乙巳朔戊辰"的字样，可知该墓的下葬时间为汉文帝前元十二年（公元前168年），那么成图时间相当于在2 100多年前，比过去认为最古老的罗马托勒密地图早300多年，是目前世界上发现的最早的彩色军用地图。

### 现代军事地图

随着科学技术的飞速发展，世界上军事地图的花样也在不断翻新。

目前，除常用的线划地图外，还有影像地图，就是在航空相片上注上说明符号；特种材料地图，在丝织品、化纤布上绘图，符号里印有荧光物质，夜间、水下都能使用；微缩地图，通过缩微拍照将地图缩小至原来的二百分之一，形成微型幻灯片，用时可投影放大等。

# 世界上第一台电子计算机是谁发明的？

在21世纪的今天，电脑已经作为一件很普通的家电进入千家万户，通过它我们可以畅游在网络世界里的各个角落。但你知道世界上第一台电子计算机是谁发明的吗？

第二次世界大战期间，为了改变美国弹道研究实验室不能及时计算陆军炮弹部队每天需要其提供的6张火力表，以致不能顺利对导弹的研制进行技术鉴定的不利状况，当时任职宾夕法尼亚大学莫尔电机工程学院的莫希利于1942年提出了试制第一台电子计算机的初始设想——"高速电子管计算装置的使用"，期望用电子管代替继电器以提高机器的计算速度，并最终于1946年2月15日宣告第一台电子计算机ENIAC（电子数字积分计算机的简称）在美国诞生。

## 具有划时代意义的庞然大物！

世界上第一台电子计算机由17 468根电子管、6万个电阻器、1万个电容器和6千个开关组成，重达30吨，占地160平方米，耗电174千瓦，耗资45万美元，是个不折不扣的庞然大物。但它每秒钟只能运行54次加法运算，仅相当于一个电子数字积分计算机。尽管如此，它划时代的伟大意义是不可抹杀的。

## 为什么把电子计算机称为电脑？

电子计算机具备人脑的许多功能，能够进行复杂的计算，能够记住声音、文字、图形和各种知识，能够进行判断和推理，还能和你玩游戏、下象棋呢！正因为它的本领如此强大，人们就形象地称它为"电脑"啦！

笔记本电脑

# 电脑工作时为什么不能停电？

很多人都遇到过在使用电脑上网或学习时，突然停电而使得自己找了很久或录入了很多的宝贵资料瞬间消失的情况。那大家知道电脑工作时为什么不能停电吗？

对于电脑来说，显示器及主机工作都需要正常的电力供应。尤其是内存，对电源的要求更高，它是一种依赖电能的存储设备，需要不断地刷新动作来保持存储内容。一旦断电，所保存的内容就会立即消失。

如果非正常断电，导致内存中的信息来不及保存到硬盘等存储设备上，就会使信息因完全丢失或变得不完整而失去价值，从而浪费大量的精力、时间，甚至造成巨大的经济损失。

比如有一种 UNIX 操作系统，如果不正常关机导致断电，内存中的系统信息没有回写到硬盘上，就可能造成系统崩溃，无法再次启动。

## 家用电脑苛求电源

目前，拥有电脑的家庭越来越多，很多人对电脑千呵百护，但却容易忽视一点：电源。电脑对外部供电电源的要求不同于一般电器，在安置电脑的过程中，应做好如下几项工作。

要确保电压稳定。正常情况下电压在 210 V ~ 230 V 范围内，电脑在此供电情况下才可正常工作。但由于有些地方供电不稳，就应考虑为电脑配置一台额定电流 2.5 A、功率 650 W 的稳压电源。

要防止不规则停电。如果电脑所处的环境时常断电或不规则停电，对电脑的损伤是非常大的。为了防止不规则停电，可为电脑选配一台适宜的不间断电源（UPS）。

为电脑单独准备一个电源插座。在家庭中要经常同时使用各类电器，如果电脑和这些电器合用一个墙壁电源插座的话，这些电器启动或工作时所产生的电压瞬时波动，对电脑的正常运行会造成很大的干扰，因此最好让电脑单独使用一个墙壁电源插座。

正确连接电源线及接地系统。电脑的主机电源插头及显示器的电源插头通常都是单相三线制，有些人由于没有三相插座接口而将三相插头上的地线插脚掰弯使用，这样做极易对人身及电脑构成危险，因此要按要求正确使用三相电源插头。

# 电脑"黑客"

说起黑客，经常在网络上工作与学习的人一定不会陌生，而一种名为黑客的电脑病毒也曾让不少人头痛过，那到底谁是电脑"黑客"呢？

电脑黑客是人类步入网络社会后出现的一个新名词。

随着计算机的日渐普及，以及互联网的广泛使用，出现了一批拥有丰富的计算机知识并具有高超的操作技能，能够利用电脑程序上的某些漏洞，而让自己在未被批准的情况下私自进入他人的计算机或查看他人的信息的人。他们很少以真面目出现，在大多数人眼里，这群人的身份都被蒙上了一层神秘的面纱，所以人们给了他们一个称号——"黑客"。对于网络安全而言，他们具有很大的危胁。

黑客的英文名字是hacker，原意是指那些长时间迷恋于计算机的程序员，后来被引申为有不轨动机者。他们往往不费一枪一弹，就能通过网络窥视他人的秘密，在搜集到这些秘密后，要么制造恶作剧，以此取乐，要么乘机敲诈勒索，谋取不义之财，也有人只为了满足自己的特殊嗜好。

## 黑客事件

虽然世界上著名的黑客事件都发生在网络较为发达的国家内，但在没有国界的因特网上，中国并不是黑客的真空地带。

1994年5月，中国科学院高能物理研究所接入因特网，不久就发现有来自国外的黑客试图非法进入系统。这给我们敲响了警钟：黑客正悄悄地向我们走来。

1997年4月23日，美国黑客入侵中国互联网络信息中心的服务器，黑客将该中心的主页置换成一个笑嘻嘻的骷髅头。中国互联网络信息中心的技术人员经过一番侦察，终于获取了入侵者的地址，用电子邮件向他提出警告，美国黑客败下阵来。

## 黑客攻击

一般来讲，传统的黑客目的比较单纯，他们的兴趣在于进入而不是破坏。可是，这种价值观在黑客盛行的时代被彻底打破了，今天黑客的目的已经变得五花八门，其中不少已经变成不折不扣的有目的的犯罪行为。

黑客的攻击方式分很多类型，归纳起来主要有远程攻击、本地攻击和伪装远程攻击三种。为了防止黑客的攻击得逞，人们也采取了许多相应的解决方法，比如设密码。它的原理就是利用加密技术把传输的信息进行密码设置，这样其他人如果想查看，需要输入正确的密码才可以，否则就无法打开文件了。

# 电脑能代替人脑吗？

科学技术的不断创新与进步是我们有目共睹的。而人工智能的发展也在随着技术的日渐成熟而让电脑变得越来越"聪明"，聪明的电脑可以帮助我们完成很多我们不能完成的工作，人们不禁要问：电脑能代替人脑吗？

电脑拥有的人工智能是模拟我们大脑的工作程序来设计的。那么我们拿人脑与电脑来做一个比较。

人类之所以能如此快速地对周围的动态进行思考和反应，是因为我们的大脑是由一百多亿个神经元细胞组成的，它只需要 0.1 秒的时间就可以让一个神经冲动传播到 1 000 多万个细胞中进行处理。而一般的电脑只有一个中央处理器，在同样的时间里，电脑在处理一个问题的同时，大脑却可以处理 1 000 多万个指令。所以短时间内，电脑是无法代替人脑来工作的。

### 未来的机器人会超过人类吗？

人工智能的开发让拥有人类智能的机器人的构想变成可能，虽然现在的机器人还处在起步阶段，大部分的功能还比较简单，但也有少数机器人在某些智能上已经接近或是已经超越了人类的智力。

不过从现在的研究成果来看，目前的机器人的智能主要来自微小的芯片，芯片里储存的知识虽然可以处理事务性和计算性的工作，但对未知情况却很难适应，从而无法做出创造性的工作。所以目前的机器人要超过人类还需要走一段相当长的路。

### 面向未来的机器人技术

据了解，目前日本继前两个机器人计划——"极限作业机器人"计划和"微机械技术"开发计划，正在实施第三个"人型机器人"的研制计划。

中国也非常重视机器人的研究，早在"七五"期间就开始了工业机器人和水下机器人的攻关计划，并已经取得了一定的成绩。

# 信息高速公路

因为高速公路的开通,我们的出行方便快捷了很多。在网络里也有这样的"信息高速公路",那么你知道什么是信息高速公路吗?

信息高速公路就是一个高速度、大容量、多媒体的信息传输网络,它以光纤为输送管道,把众多的企事业单位、普通家庭、国家机构、科研院校等的电脑网络都互相连接在一起,组成一个遍及全国甚至全世界的通信网络,让信息就像高速公路上的汽车一样畅通无阻。它方便快捷,能快速地为用户提供各类资料,让人们能够充分地利用互通的快捷性来相互传递各类纷繁复杂的信息,从而大大地提高学习与工作的效率,有益地促进社会的发展。

信息高速公路能带来什么?

●远程教学——所有的学生都可以享用最好的学校、教师和课程。

●远程医疗——不去医院,可在家中找最好的医生看病或做保健咨询。

●电子图书馆——不去图书馆就能读世界上任何一家图书馆的藏书。

●影视点播——不去电影院就能看到自己想看的电影。

●电子游戏——不去电子娱乐厅就能玩自己想玩的电子游戏。

●电子购物——不去商店,在家就能进行购物。

●家中办公——不去办公室,就能在家中的计算机网上办公。

总之,信息高速公路可以极大地改变人们的生活和工作方式。

### 信息高速公路上也会塞车吗?

在网络上行驶的"车"就是海量的多媒体信息,包括电话通信的语音信息、计算机通信的数据信息、高清晰度电视和电影等的图像与视频信息。如此大的信息量,只有宽带的信息高速公路才能承载得了,用传统的网络传输必定会出现"网络塞车"现象。

# 世界上最大的计算机通信网络

计算机的使用，使得网络通信系统得到了迅速发展，也使我们的世界发生了非常大的变化。通过这些网络，全球就像是被连在了一起。大家知道世界上最大的计算机通信网络是什么吗？

互联网（Internet），亦称"国际互联网"或称"因特网"，是当今世界上最大的计算机网络通信系统。它就像是全球信息资源的一个公共场所，拥有成千上万的数据库，可以提供如文字、声音、图像等众多的信息，人们登录这个网络，就可以在这里找寻他们想要的各种资料，相互交流信息、共享资源，进行通话及购买物品等多种活动。而Internet也因此得到广大用户群的普遍使用，成为目前最大的信息网络平台。

Internet因为集合了众多的数据资料，所以能给许多用户提供想了解的信息，用户也可以通过这个网络平台得到更快更有效的交流与发展。因此它也是一种非常好的学习工具，同学们可以从这里了解更多课本上没有具体讲述的信息，从而更快、更全面地学习更多新知识。

### 上网

上网就是将个人计算机连接到互联网上。

网络是无限大的，上网后可以分享网上各个计算机里的大量信息资源。举个例子，通过上网你可以到世界各地的图书馆查找资料，可以到电子商店购物，可以和看不见的朋友聊天、打游戏，还可以给在远方的亲友发电子邮件。上网可以做的事情真是太多了，简直是数不胜数。

宽带就是在同一个传输介质上，利用不同的频道进行多重传输的技术。利用宽带上网，不仅比普通的拨号上网速度快得多，而且可以24小时连接在网上。

宽带不仅可以承载普通的网页浏览、收发电子邮件等功能，还可以承载传递语音、图片等大量信息，视频点播、网络电话、远程教育等功能。

# 为什么使用互联网要安装"Modem"?

电脑有一个亲密的小伙伴,那就是"modem",我们通常亲切地称之为"猫"。"猫"的全名是调制解调器,通过使用"猫",我们就可以让自家的电脑连接在互联网上,并自由地在网络里阅读、工作、学习了。你知道为什么使用互联网要安装"猫"吗?

计算机处理的数字信号与电话线传输的信号不同,"猫"可将电脑的数字信号调制成可以通过电话线传输的模拟信号,并能在信号到达目的地后,再解调回原来的数字信号。这样,计算机就可以通过电话线连接到互联网上了。

所以,假如没有安装这只"猫",那电脑说的话就不能顺利地翻译给网络听,网络也会因为不理解电脑的语言,而不做任何的回应。因此在连接互联网时一定要安装"猫",它能起到很重要的翻译作用。

### "猫"的未来

"猫"分为独立的外置式"猫"和内置的插卡式"猫"。

随着信息技术的不断发展,局域网的信号基本都是纯数字信号了,可以直接通过网卡连接计算机,不已再需要"猫"去进行翻译工作,也许"猫"将逐渐退出历史舞台。

### 鼠标

鼠标是电脑的一个硬件设备,因其外形酷似老鼠而得名鼠标。鼠标的发明,给计算机的使用带来了极大的方便。

鼠标不仅小巧可爱,作用还很大呢!它能将手的移动转换为光标在屏幕上的移动,并且能将手指击键转换为在电脑上点取信息。

▲内置"modem"

# 电子邮件

电子邮件（e-mail），有时也被大家昵称为"伊妹儿"，它是 Internet 应用最广的服务：通过网络的电子邮件系统，您可以用非常低廉的价格（不管发送到哪里，都只需负担电话费和网费），以非常快速的方式（几秒钟之内可以发送到世界上的另一头），与世界各地的网络用户联络，这些电子邮件可以是文字、图像、声音等各种方式。同时，您可以得到大量免费的新闻、专题邮件，并实现轻松的信息搜索。

电子邮件使用简易、投递迅速、收费低廉、易于保存、全球畅通，使得电子邮件被广泛地应用，人们的交流方式得到了极大的改变，这是任何传统的方式都无法与之相比的。

每一个申请 Internet 账号的用户都会有一个电子邮件地址。它是一个类似于用户家门牌号码的邮箱地址，或者更准确地说，相当于你在邮局租用的一个信箱。传统的信件会由邮递员送到你家门口，而电子邮件则需要自己去查看信箱，只是您不用跨出家门一步。

## 电话机为什么也能用作"语音信箱"？

生活中有邮件信箱，网络里有电子信箱，信箱可以让我们接收和存储很多信息，让我们的交流更加顺畅。现在的电话机也有这样的信箱功能，你知道电话机为什么也能用作"语音信箱"吗？

随着人们的交流越来越频繁，语音信箱也根据人们的需要走进了千家万户。

"语音信箱"系统是国际通信领域中的一个高科技结晶，当用户取得"信箱"使用权后，就会得到一个电话号码和一个密码。如果其他人想要与该用户联系，无论在什么地方、什么时间向他公开的电话号码打电话，如果用户启用了信箱功能，其他人所留下的信息都会被存储起来。用户可以在任意时间、任意地点，借助可供自己使用的电话，运用自己的密码，随意开启手机读取"语音信件"。

## "语音信箱"的好处

家庭中的电话如果接上"语音信箱"的功能后，就像有了一部专为自己服务的传呼和录音的电话，无形中增添了一位忠实可靠的秘书，不出家门就可与外界保持通信畅通。如果移动电话启动了"语音信箱"功能，也可让自己在关机后保持通信主动权。

# 光盘

光盘是一种小巧而灵便的存储工具,人们可以将所需要的大量信息存进光盘里,轻轻松松地带在身上。想要阅读时,只要将电脑打开,将光盘放入其中,就可以一目了然了。一张直径300毫米的光盘,能存10 000页的书呢!

存储工具除了光盘,还有软盘和硬盘等。

由于软盘的容量小,光盘凭借大容量得以广泛使用。我们听的CD是一种光盘,看的VCD也是一种光盘。

软盘的容量为1.44 MB以上,CD和VCD光盘的最大容量大约是700 MB,DVD光盘的存储量则大得多:普通单面光盘DVD5约为4.7 G,双面光盘DVD9的容量达8.5 G、DVD10的容量达9.49 G、DVD18的容量可达17 G。现在一般的硬盘容量在几十GB到几百GB之间。

光盘的存储原理比较特殊,里面存储的信息不能被轻易地改变。也就是说我们常见的光盘生产出来的时候是什么样,就一直是那样了。那我们有没有办法把自己写的文章存在光盘上呢?

有一种特殊的光盘CD-R是可以写的,但需要使用"光盘刻录机"才能把文章写到CD-R光盘上。

## DVD

DVD是digital versatile disc的缩写,全名叫数字通用光盘或数字影碟,它是VCD的换代产品,在技术上有了重大改进,可以在存储片上储存更多的信息,播放的图像更加清晰,声音更加逼真。

当然,这不等于老产品就不能用了。DVD机不仅能读取DVD,还可以读取VCD和CD呢!

## VCD

VCD是video compact disc的缩写。VCD和CD非常相似,都是一张包含声音、视频、图片的光盘。

VCD使用标准压缩格式MPEG存储视频和音频,可以借助软件播放,也可以像DVD一样,使用菜单和章节标示。

# 电话是什么时候发明的?

电话作为一件很平常的通信工具已经被绝大多数家庭所使用,它的便利是有目共睹的,有了它我们就可以躺在床上与远在几千里、几万里外的亲人通电话,那电话是什么时候发明的呢?

1863年,德国人菲利普·赖斯发明创造了世界上第一部电话机,他也因此被后人称为"电话之父"。

菲利普·赖斯对自然科学的应用一直有着浓厚的兴趣,他想制造一种可以让自己在很远的地方也可以听到对方声音的机器。他尝试着用木头、香肠膜和金属片等材料,制造了可以传送信息的电话,虽然信号很弱,而且效率比较低,却可以听到从电话里传出的非常清楚的声音。

### 到底是谁发明了电话?

一直以来人们都以为电话的发明者是美国波士顿大学教授贝尔,但英国科学博物馆馆长利夫恩却在一批保密文件中惊人地发现真正的发明者是德国理科教师菲利普·赖斯。据利夫恩透露,由于一些商业上的原因,这个秘密一直被隐藏了近50年。

自从上述研究资料被送进科学博物馆,英国标准电话电缆公司的负责人弗兰克就命令把这些文件全部注明"保密"。因为他那时正在与美国最大的长途电话公司——美国电话电报公司洽谈一笔大生意,而美国电话电报公司是从贝尔公司发展来的。如果公布了上述消息,证明贝尔不是电话的发明者,那么很可能影响他与该公司的生意计划。

其实,电话的真正发明者是意大利人安东尼奥·梅乌奇。1850年至1862年,梅乌奇制作了几种不同形式的"远距离传话筒"。由于贫穷,梅乌奇交不起专利申请费,后来把电话模型和技术细节寄给西部联合电报公司,再后来材料丢失。两年后(1876年),贝尔获得了电话发明专利。梅乌奇愤而提起上诉,当时最高法院同意以欺诈罪指控贝尔。但就在胜利的曙光就要显现时,梅乌奇却于1889年带着遗憾离开了人世。2002年6月15日,美国议会通过议案,认定安东尼奥·梅乌奇为电话发明者。如今在梅乌奇的出生地佛罗伦萨有一块纪念碑,上面写着"这里安息着电话发明者——安东尼奥·梅乌奇"。

▲较老式的电话

# 移动电话

电话的发明，为人们进行远距离沟通提供了可能。随着科技的发展，电话的种类也日渐丰富起来，出现了无绳电话、移动电话、数字电话等。那么，你知道什么是移动电话吗？广义来讲，移动电话是指能在移动中进行通话的电话，但通常人们所讲的移动电话是指公众移动电话系统中的移动电话，即蜂窝移动电话。移动电话的发明者马丁·库帕是当时美国摩托罗拉公司的工程技术人员。

别看移动电话的个子小小的，它的基地站却是大型的无线电收发信号台。移动电话用户按键拨号，被基地站接收，传递给电话交换机分析处理，随后接通基地站另一个无线电信通道。只要对方的移动电话正开启着，就能收到电话打进来的信号了。

### 无绳电话是如何工作的？

我们常会见到一种无绳的电话，这种电话轻便、灵活，作为移动通信工具十分方便，因此越来越受到大家的喜爱。那你想过为什么无绳电话可远离固定机通话吗？它是如何工作的呢？

无绳电话是用固定机和移动机之间的近距离无线电收发讯号来沟通话音的，一般采用晶体控制的窄带调频方式工作。

固定机的收、发频率与移动机的相反，当固定机收到市内电话线路传来的话音后，就由机内的发射机发射到移动机的接收部分。而后移动机的回话同样由移动机的话筒传入，经机器的无线发射被固定机接收，再经电话线路传到对方。

对讲机

通过这样的接与发，移动机就可远离固定机，实现正常且自由的通话了。

### 无绳电话与无线对讲机有什么区别？

一般的无线对讲机只作两机互相通话或多台对讲机组成通信网相互间通话用，而无绳电话则由一个"固定机"（或称基地台）接入市内（或指定区域）电话线路（固定机担任中继转发的任务），使"移动机"可随时与其他电话相互通话。

# 数码相机是怎样诞生的？

照片记录着我们的生活，记录着我们的变化，在一张张照片里，我们慢慢长大了。相机同样伴随着我们的成长也在不断发生变化，它已慢慢演变为可以自己选择照片的数码相机。你知道数码相机是怎样发明的吗？

世界上第一台数码相机是 1975 年在美国纽约柯达实验室中被研制出来的。

当时为了设计另一种电子胶片，以更好地使用相机，数码相机的发明人赛尚用录音机的卡带做材料，而这种与普通 135 胶卷容量非常相近的卡带，给了赛尚创造数码相机的灵感。

经过不懈努力，高像素，可以自由选择删除与保留照片，在黑暗的环境里也能拍照的数码相机诞生了。

### 数码相机的优势与功能

数码相机拍照的成本比一般相机要低，操作也更简单。人们可以不用再去学习复杂的摄影技术，不需要再去冲洗胶片，而可以直接连接电脑进行后期处理；不必再为拍坏了照片而可惜，可以自由查看及删除不好的照片；还可以使用数码相机拍摄短片并存储数以百计的照片。

### 照相机是怎样照相的？

其实，照相机的结构和我们的眼睛相似。

照相机镜头相当于人眼中的水晶体，光线通过镜头进入相机；光圈相当于虹膜，能调节光线进入量的多少；胶卷相当于视网膜，使光线经过焦距调整后投影在胶卷上；最后，照相机拍下的东西经过处理，在特殊的纸上印成像，就成了我们看到的照片了。

▲较老式的照相机

中国青少年知识文库·B卷　科技

# 电视机是谁发明的？

电视机在今天已经是一种很平常的家用电器了。通过电视，我们能了解世界的最新动态，看到世界的另一面是什么样子，电视像我们的另一双眼睛，能带着我们认识更多的东西。

电视机的概念最初是由主张以机械扫描的方法研制电视的英国科学家约翰·洛吉·贝尔德提出的，他还成功开发了彩色立体电视并开始了有声电视的试播，因此被称为"电视之父"。

当时的电视只是机械式电视，发明了现今真正意义上的电视的人是一位14岁的美国少年费罗·法恩斯沃斯。他通过电子学的研究，设想让电子流沿长点像电波一样传播，形成相互累加的长条，再由接收机重新组合而使其显现出一幅图像。而当他采用最新的电子设备、光电管等技术完成电子电视系统时，真正的电视就产生了。

## 数字电视

数字电视就是指从演播室到发射、传输、接收的所有环节都使用数字电视信号或对该系统所有的信号传播都通过由0、1数字串构成的数字流传播，并允许几种制式信号的同时存在。每个数字频道下还可分几个子频道，既可以用一个大数据流，也可将其分为几个分流，这样就可大大增加信息的种类，从而满足不同的需求。

## 等离子电视

等离子彩电是指在两张薄玻璃板之间充填混合气体，施加电压使之产生离子气体，然后使等离子气体放电并与基板中的荧光体发生反应，从而产生彩色影像的电视产品。

它以等离子管为发光元件，大量的等离子管排列在一起构成屏幕，每个等离子对应的每个小室内都充有氖氙气体，在等离子管电极间加上高压后，封在两层玻璃之间的等离子管小室中的气体会产生紫外光，并激发平板显示屏上的红绿蓝三基色荧光粉发出可见光。每个等离子管作为一个像素，这些像素的明暗和颜色变化组合能使显示屏显现各种灰度和色彩的图像，类似显像管发光。

等离子电视又被称为"壁挂式电视"，不受磁力和磁场影响，具有机身纤薄、重量轻、屏幕大、色彩鲜艳、画面清晰、亮度高、失真度小、视觉感受舒适、节省空间等优点。

# 卡通片

《米老鼠与唐老鸭》早已风靡全球,他们的形象也已深入人心,无论是大人还是孩子,都对他们极为喜爱,使其成为经典的动画片角色。随着科技的发展,动画技术越来越先进。你知道什么是卡通片吗?

卡通片(动画片)一词是由希腊语 animal(动物)和拉丁语 anima(生命)两个词组合而成的。也就是通过特殊的技术方法处理,赋予无生命的东西以生命,使之能像动物一样移动。

## 卡通片里的人物是如何动起来的?

电影画面是连续拍摄下来的,然后再以相同的速度放映出来。

如果要制造一个卡通人在走路的场景,虽然时间非常短,但需要把这些动作逐一进行刻画,然后按顺序将胶片一张张以非常快的速度连续放映出来。这样,卡通人物看上去就好像是真的在移动了。

## 动画巨星——迪士尼

华特·迪士尼(1901-1966)是美国动画大师。这个名字一直与家喻户晓的米老鼠与唐老鸭联系在一起,而这两个生动有趣的动画形象已深入世界各国小朋友的生活。

他还创作了大量动画片,如《三只小猪》《白雪公主》《小鹿班比》《木偶奇遇记》《小飞象》等。这些都成了世界电影史上的瑰宝。由于迪士尼的突出成就,1932 年他被授予奥斯卡特别奖。此外,集现实与童话、游乐与冒险于一身的迪士尼乐园也是他的创举,它至今仍吸引着全世界的游人。

## FLASH

Flash 是美国的 Macromedia 公司(已被 Adobe 公司收购)于 1999 年 6 月推出的优秀网页动画设计软件。它是一种交互式动画设计工具,用它可以将音乐、声效、动画,以及富有新意的界面融合在一起,以制作出高品质的网页动态效果。

猫和老鼠精彩画面

# 录音机是怎么录音的?

一个小小的机器,插上电源,放入磁带,我们的声音就被录了下来。你一定会觉得很奇怪,小小的机器怎么可以录下声音呢?

要想让录音机记录下我们的声音并播放出来,需要5样东西——话筒、录音磁头、录音磁带、放音磁头和扬声器。

有了这5样东西,我们的声音通过电流,被记录在有磁粉的录音带上。录好的声音经磁头识别,再通过扬声器播出来,我们就能听到自己的声音了。

## MP3录音机

MP3是一款在个人电脑上使用的功能强大的录音、播放软件。使用它,可以将电脑内部或外部声音(如来自麦克风、线路输入、互联网上的广播或各影音播放软件正在播放的声音)以 MP3、WMA 或 WAV 的格式永久保存到硬盘上。

## MP4

关于 MP4 的概念众说纷纭,纷繁复杂。此前,还有许多消费者对 MP4 的认识比较模糊,简单地认为 MP4 就是 MP3 的下一代,是能够播放 MPEG-4 的播放器。但随着知识的积累,人们有了比较系统的认识。

MP4 最初是一种音频压缩格式,增加了诸如对立体声的完美再现、多媒体控制、降噪等新特性。最重要的是,MP4 通过特殊的技术实现了数码版权保护,这是 MP3 所无法比拟的。

◀ 录音机

# 家用电器为什么能遥控？

目前智能化的家用电器越来越多，如电视、DVD、空调等。我们只要拿着遥控器一按，电器就能自动运行了，方便省事。那么你知道家用电器能遥控的原因吗？

目前几乎所有的电视、空调全都带有遥控装置，使用红外遥控器即可对电视、空调等进行功能控制。

遥控器是由红外遥控发射器、遥控接收器和控制电路这三部分组成的，缺一不可。其基本的工作原理是：红外线发射器发出的红外遥控信号，通过红外线接收电路放大处理后，再传送到微处理器，经译码后变成相应的操作命令，从而实现对各种家电的各种功能控制。

### 用遥控装置的注意事项

遥控装置与接收体之间的距离不要超过10米；遥控装置与接收体之间不能有障碍物；应避免强光照射遥控装置；长期不使用遥控器时，应将盒里面的电池取出，以免电池内电解液漏出，腐蚀盒内元件；正确地使用和维护遥控装置，就可最大限度地避免使遥控器失灵甚至损坏。

### 智能家电

传统家用电器有空调、电冰箱、吸尘器、电饭煲、洗衣机等，新型家用电器有电磁炉、消毒碗柜等。无论新型家用电器还是传统家用电器，其整体技术都在不断提高。

家用电器的进步，关键在于采用了先进控制技术，从而使家用电器从一种机械式的用具变成一种具有智能的设备，智能家用电器体现了家用电器的最新技术面貌。

智能家电产品分为两类：一是采用电子、机械等方面的先进技术和设备；二是模拟家庭中熟练操作者的经验进行模糊推理和模糊控制。

随着智能控制技术的发展，各种智能家电产品不断出现，例如，把电脑和数控技术相结合，开发出的数控冰箱，具有模糊逻辑思维功能的电饭煲、变频式空调、全自动洗衣机等。

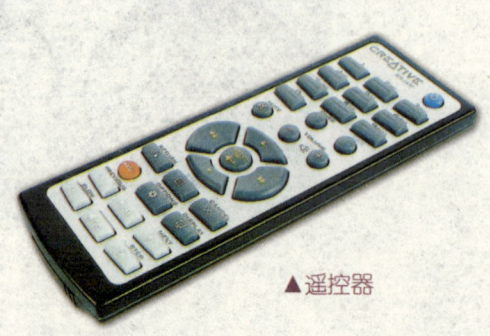
▲遥控器

# 什么是智能冰箱？

我们知道智能洗衣机、智能电话、智能空调，众多的智能电器让我们的生活变得更加方便快捷，而智能冰箱的加入让我们更加省心省力，你知道什么是智能冰箱吗？

现在的冰箱早已经过了单纯储存食物的时代，智能化的冰箱已经装备了计算机、条形码扫描仪和显示器，并且能与电脑网络相连，它能提供食物保存、处理和制作的正确方法。

智能化的冰箱甚至会告诉你，存放在冰箱里的食品哪些时间过长，需要及时处理，并让你以最安全、最健康的方法处理食物。

冰箱上还可装有电视机和收音机，人们可以在厨房里，边做饭边看电视或听新闻，也可以通过与它连接的摄像机，监视门前的情况。冰箱还能提供大量的中西餐菜谱，只要照单烹调，美味佳肴便能上桌了。

## 让人轻松的智能冰箱

随着科技的不断发展，智能冰箱的类型也应用户的要求变得越来越多。

智能超节能冰箱能从电脑精确调温、异丁烷制冷剂、高效压缩机、保温层、制冷系统等五项内容进行节能。

▲双开门冰箱

智能抗菌保洁冰箱能使冰箱内部更干净卫生。

自动双开冰箱能使人的手得到进一步的解放，如此众多功能让人们的生活变得更轻松。

## 冰箱为何能制冷？

这是因为冰箱有制冷系统，它把沸点低的制冷剂在经过压缩处理后，从气态变成液态，准备进入蒸发器。

液态制冷剂进入压力较低的蒸发器内后，又蒸发成气体。这个过程需要吸收大量的热，冷冻室里的热量被吸走了，就达到了制冷的效果。

# 雷达是如何探测雷雨的？

我们知道雷达因其特殊的工作原理，被广泛地应用在各个领域之中，而在气象领域里，雷达更是起到了非常重要的作用，通过它可以探测雷雨的最新情况。那么雷达是如何探测雷雨的呢？

在发射机定时器的控制下，雷达每隔一定时间就会产生一次短促的高频电磁波，通过天线被发射出去。

电磁波在大气中以每秒约30万千米的速度直线传播，当遇到云层等物体后，有一部分电磁波就会被反射、散射、绕射回来，经雷达天线的接收、接收机的处理，就会从显示器中显示出来，通过测量发射及接收波的时间间隔，就可以得出云雨与雷达之间的距离了。

云层的方位和高度是依据雷达天线的方位角和仰角来测定的，并通过对云雨反射回来的电磁波强度的测量来确定降水的性质和强度。

## 气象雷达

气象雷达是专门用于探测大气的雷达。它属于主动式大气遥感设备，是警戒和预报局部天气的重要探测工具之一。

主要的气象雷达有：

①测云雷达。用来探测未形成降水的云层高度、厚度及云内物理特性的雷达。其常用的波长为1.25厘米或0.86厘米。

②天气雷达。用来探测降水的发生、发展和移动，并以此来警戒和跟踪降水天气系统的雷达。

③圆极化雷达。一般的气象雷达发射的是水平极化波或垂直极化波，而圆极化雷达发射的是圆极化波。雷达发射圆极化波时，球形雨滴的回波将是向相反方向旋转的圆极化波，而非球形大粒子（如冰雹）会对圆极化波引起退极化作用。利用非球形冰雹的退极化性质的回波特征，圆极化雷达可用来识别风暴中有无冰雹存在。

④调频连续波雷达。它是一种探测边界层大气的雷达。有极高的距离分辨率和灵敏度，主要用来测定边界层晴空大气的波动、风和湍流。

⑤气象多普勒雷达。利用多普勒效应来测量云和降水粒子相对于雷达的径向运动速度的雷达。

⑥甚高频和超高频多普勒雷达。利用对流层、平流层大气折射率的不均匀结构和中层大气自由电子的散射，探测1千米至100千米高度晴空大气中的水平风廓线、铅直气流廓线、大气湍流参数、大气稳定层结和大气波动等的雷达。

随着技术的迅速发展，还出现了数字化天气雷达探测系统、双波长雷达探测系统等高科技产品。

# 为什么雷达能发现前方物体？

我们在电视里经常会看到，飞机上的工作人员会使用雷达来扫描前方的情况，如果前方有飞机或其他物体，工作人员在很远处就可以知道它们的位置与相关情况。那为什么雷达能发现前方很远处的物体呢？

雷达是使用无线电波来测定物体位置的无线电设备，它的工作原理与自然界中的蝙蝠一样。

雷达会在一个时间段里，利用电磁波遇到障碍物就会发生反射的特性，向一定的方向发射不连续的无线电波，当接收到发射出去的无线电波被反射回来的时候，就可以根据公式计算出对面物体的具体位置，并且对它的动态进行实时跟踪，进而对后续的工作做出相应的判断与布署。

## 雷达的广泛应用

雷达被广泛地应用在军事、交通、运输、航海等多个领域。利用它可以探测飞机的动向及航行中的舰艇、导弹等的位置，还可以用来研究星体。气象卫星上就安装了一个这样的雷达用来探测台风、暴雨、冰雾等天气情况。

第二次世界大战前雷达主要用于军事目的，当时云、雨等气象目标的回波被作为干扰。1941年，英国最早使用雷达探测风暴；1942年至1943年，美国麻省理工学院专门设计了为气象而使用的雷达。

在气象雷达发展初期，一般都靠手工操作，回波资料只能用于定性分析。

20世纪60年代采用了多普勒技术，气象多普勒雷达具有对大气流场结构的定量探测能力，常规雷达的数字显示和彩色显示也相继出现。

20世纪70年代，除联合使用多部多普勒雷达外，又相继发展了大功率高灵敏度的甚高频和超高频多普勒雷达和具有多普勒性能的高分辨率调频连续波雷达。在雷达结构上，广泛采用了集成电路，配备有小型或微型电子计算机，使气象雷达能对探测资料进行实时数字处理和数字化远距离传输。有的天气雷达已能按照预先编好的程序，由电子计算机操纵观测，并逐步向自动化联网观测的方向发展。

# 飞机

坐上飞机,在天空中自由翱翔,这是多么惬意的一件事呀!那么,你知道飞机为什么能在天空中飞翔吗?

其实,飞机的两侧机翼就像两个大风筝,上边是鼓起来的,下边却很平。飞机利用发动机的推进力快速向前行驶时,强劲的风会吹到机翼上。当风迎着机头吹过时,机翼上面的空气流动快、压力小,会将机翼向上吸,而机翼下面的空气流速慢、压力大,会将机翼向上抬。于是,飞机就飞起来了。

## 飞机飞过为什么会留下白线?

在我们仰望蓝天时,细心的你会发现,在飞机飞过的地方,会留下一条白色的线,很长很长。你可能会提出这样的问题:飞机飞过为什么会留下白线呢?

其实,飞机飞过时在天上留下的那条白线,可以说是云。云是水蒸气上升到天空中突然遇冷凝结成小水滴而形成的。飞机飞过以后,发动机排出的热气在高空中遇冷后变成小水滴,就形成我们所看到的白线了。

## 为什么飞机越大越平稳?

坐过飞机的人都知道,飞机越大飞行时越平稳,飞机越小飞行时越颠簸。这是为什么呢?

因为大型飞机的机翼宽大,能产生足够的升力,就像大轮船的浮力较大一样。

同时,大型飞机的发动机功率较大,使飞机能抵抗较强的高空气流影响,这也和大轮船能够抵御较强风浪的道理相似。

▲A380 空中巨无霸

# 隐形飞机

隐形飞机已经登上了现代战争的舞台,给现代反空袭作战提出了一个十分严峻的课题。那么,何谓隐形飞机呢?

隐形飞机是一种用隐形技术设计制成的军用飞机。实际上,隐形飞机并不是说飞机是透明的,无论怎么飞人们也发现不了。它只是针对号称千里眼的雷达而言是"隐形"的,即不易被雷达发现。

从原理上来说,隐形飞机的隐形并不是让我们的肉眼看不到,它的目的是让雷达无法侦察到飞机的存在。隐形飞机在现阶段能够尽量减少或者消除雷达接收到的有用信号,是最为秘密的军事机密之一,隐形技术也已经受到了全世界的极大关注。

隐形飞机之所以能"隐形",重要的两种技术是形状和材料。

首先,隐形飞机的外形避免使用大而垂直的垂直面,而采用非常规设计,消除机身上小于或等于90°夹角的地方,使飞机对所有雷达波形成镜面反射,减小雷达回波。

其次,隐形飞机在材料上使用宽波段的耐热复合材料,以吸收来自雷达的能量,给雷达测量造成误差。

最后,隐形飞机还尽量减少机身的强反射点或者说是"亮点"、发动机的噪声及机体本身的热辐射等,这样就可以"隐形"了。

▲能够突破雷达防御的美国 B-2 隐形战略轰炸机

# 核电站

　　核能是一种由化学元素发生裂变或聚变而产生的能源，因为拥有巨大的能量而被誉为地球四大能源之一，被广泛地用于电力、工业等领域，因而修建核电站成了"必修的功课"。为什么要修建核电站呢？

　　核电站也称原子能发电站，它的工作原理是：当它的燃料原子核裂变而释放出的能量，经过反应堆内循环冷却剂的冷却后，能把能量带出并传输到锅炉中，使之产生蒸汽，并用蒸汽驱动涡轮机带动发电机发电。也就是说它是通过将原子核分裂而释放的核能量转变为电能的一种设备和系统。

　　核电站能量高，但消耗的燃料相对其他燃料要少很多，能大大地减少发电成本，也能降低对外界的污染。所以核电站将会在相当长的一段时期里成为主要的发电能源。

### 核电站的使用意义

　　核电站的使用有着重要意义。目前大部分的环境污染，主要来源于化石燃料所产生的大量的烟尘、二氧化碳、二氧化硫、氮氧化物等。这些有害物质给社会的进步带来了困扰，核电站在这方面就优于化石燃料，它并不释放这些物质，从而大大改善了环境的质量，保护了生态环境。

### 我国的核电站建设

　　秦山核电站是我国自行设计建造的第一座30万千瓦压水堆核电站，于1985年开工建设，1991年12月15日首次并网发电，1994年投入商业运行，已有近20年安全运行的良好业绩，被誉为"国之光荣"。

　　田湾核电站是中俄合作建设的2×100万千瓦压水堆核电站，采用了全数字化仪控系统和双层安全壳，进一步提高了安全性能。它于1999年10月20日开工建设，两套机组已分别于2007年5月17日和8月16日正式投入商业运行。

　　位于我国广东省深圳市的大亚湾核电站，是我国引进国外资金、设备和技术的第一座大型商用核电站，也是我国改革开放以来最大的中外合资项目。

　　岭澳核电站，装有两台装机容量为99万千瓦的压水堆核电机组。该电站于2003年1月全面建成投入商业运行，1号机组第一个燃料循环就创造了连续安全运行332天的优异成绩。

　　今后核电还要向更高层次的快中子增殖堆、高温气冷堆和聚变堆迈进。核电的发展必将为中国人民做出更新、更大的贡献。

# 纳米

在科技迅速发展的今天，我们经常会听到一个很新鲜的名词——纳米！

纳米（nanometer，符号：nm）如同厘米、分米和米一样，是度量长度的单位，1纳米等于十亿分之一米。将1纳米的物体放到乒乓球上，就像将一个乒乓球放在地球上一般。纳米科技就是一门以0.1纳米至100纳米这样的尺度为研究对象的前沿科学。

## 纳米材料有什么特点？

纳米技术的广泛使用已经让纳米材料这项高科技产品越来越接近我们的生活，那么纳米材料究竟是一种什么样的材料，它又有哪些特点呢？

纳米材料是由尺寸小于100纳米的超精细颗粒构成的材料的总称。它集中体现了小尺寸、复杂结构、高集成度、强相互作用及高比表面积等现代科学技术发展的特点，它质地极为细密，会让灰尘"无处落脚"，能让水珠、油滴"无缝可钻"，甚至能让撞击而来的声波"消失殆尽"。最应该指出的是，纳米材料是将量子力学效应工程化或技术化的最好场合之一，它可能产生全新的物理、化学现象，并可能使常态物质具有高强度和高韧性、高热膨胀系数、高比热容和低熔点、奇特的磁性、极强的吸波性等特性，从而使纳米材料得到广泛的应用。

纳米材料的概念形成于20世纪80年代中期。由于纳米材料会表现出特异的光、电、磁、热、力学、机械等性能，纳米技术迅速渗透到材料的各个领域，成为当前世界科学研究的热点。

按物理形态分，纳米材料大致可分为纳米粉末、纳米纤维、纳米膜、纳米块体和纳米相分离液体等五类。

尽管目前实现工业化生产的纳米材料主要是碳酸钙、白炭黑、氧化锌等纳米粉体材料，其他基本上还处于实验室的初级研究阶段，大规模应用预计还需要10年。但毫无疑问，以纳米材料为代表的纳米科技必将对21世纪的经济和社会发展产生深远的影响。

当前的研究热点和技术前沿包括：以碳纳米管为代表的纳米组装材料，纳米陶瓷和纳米复合材料等高性能纳米结构材料，纳米涂层材料的设计与合成，单电子晶体管、纳米激光器和纳米开关等纳米电子器件的研制，C60超高密度信息存储材料等。

# 克隆

"克隆"一词于1903年被引入园艺学，以后逐渐应用于植物学、动物学和医学等方面。广泛意义上的"克隆"我们在日常生活中经常遇到，只是没叫它"克隆"而已，那到底什么是克隆呢？

克隆是英语"clone"一词的音译，简单讲就是一种人工诱导的无性繁殖方式。但克隆与无性繁殖是不同的。无性繁殖是指不经过雌雄两性生殖细胞的结合，只由一个生物体产生后代的生殖方式，常见的有孢子生殖、出芽生殖和分裂生殖。由植物的根、茎、叶等经过压条或嫁接等方式产生新个体也叫无性繁殖。绵羊、猴子和牛等动物没有人工操作是不能进行无性繁殖的。

科学家把人工遗传操作动物繁殖的过程叫"克隆"，这门生物技术叫"克隆技术"。

克隆 作名词使用时，表示从一个共同祖先无性繁殖下来的一群遗传上一致的分子、细胞或个体所组成的生命群体。

克隆作动词使用时，是指这种无性繁殖的过程。

在重组技术中，基因克隆是将特定基因或基因组，插入能够自主复制的载体上，引入寄主细胞中进行增殖的操作，它为遗传上同一生物品系的大量繁殖和生长提供了有效途径。

克隆技术的问世，必将对人类社会的发展产生深远的影响。但克隆技术的发展同样会给人类带来困扰，当今就有一些"疯狂"的科学家正致力于人类的克隆，这无疑会给人类正常的生活带来些"麻烦"，因此已经有不少国家制定了相应的法律——禁止克隆人类！

## 世界上第一个真正克隆出来的哺乳动物——多莉是怎样产生的？

▲克隆芦荟

研究人员将一个绵羊卵细胞中的遗传物质吸出去，使其变成空壳，然后从一只6岁的母羊身上取出一个乳腺细胞，将其中的遗传物质注入卵细胞空壳中。这样就得到了一个含有新的遗传物质但却没有受过精的卵细胞。经过改造的卵细胞分裂、增殖形成胚胎，再被植入另一只母羊子宫内，随着母羊的成功分娩，"多莉"来到了世界上。

# 文化遗产

进入 21 世纪后,一个崭新的概念出现在人们的生活里,并且引起了人们的重视,它就是文化遗产。到底什么是文化遗产呢?

为了使物质文明的进步与环境保护相协调,为了全人类的可持续发展,联合国教科文组织成员国于 1972 年倡导并缔结了《保护世界文化和自然遗产公约》(简称《世界遗产公约》)。根据公约规定,文化遗产可分成三类:第一类是历史纪念物;第二类是考古遗址;第三类是建筑群。

中国作为著名的文明古国,自 1985 年加入《世界遗产公约》,截至 2021 年,共有 56 个项目被联合国教科文组织列入《世界遗产名录》。

## 中国的三十三处世界文化遗产

周口店北京人遗址;甘肃敦煌莫高窟;山东泰山;长城;陕西秦始皇陵及兵马俑;北京及沈阳故宫;安徽黄山;四川黄龙国家级名胜区;湖南武陵源国家级名胜区;四川九寨沟国家级名胜区;湖北武当山古建筑群;山东曲阜的孔庙、孔府及孔林;河北承德避暑山庄及周围寺庙;西藏布达拉宫;四川峨眉山—乐山风景名胜区;江西庐山风景名胜区;江苏古典园林;山西平遥古城;云南丽江古城;北京天坛;北京颐和园;福建武夷山;重庆大足石刻,安徽古村落:西递、宏村;明清皇家陵寝:明显陵(湖北钟祥)、清东陵(河北遵化)、清西陵(河北易县);河南洛阳龙门石窟;四川青城山和都江堰;云冈石窟;"三江并流"自然景观;高句丽王城、王陵及贵族墓葬;澳门历史城区;四川大熊猫栖息地;河南安阳殷墟。

▲河南洛阳龙门石窟

▲北京故宫

# 打击盗版

近年来,知识产权引起了国际社会的关注,盗版行为受到严厉打击。那么盗版究竟有什么危害,我们为什么要打击盗版呢?

版权是知识产权的重要部分,与知识产权其他领域相比,版权保护水平的提高更加有赖于社会公众意识的提高。

盗版严重危害了我国众多产业的发展,如软件、影视、书籍等产业的发展,就因盗版而面临严峻的生存压力。盗版挤压了正版产品的市场,从而阻碍了产业的健康发展。

盗版严重破坏了我们国家自身的建设环境。违法分子通过非法手段牟取暴利,破坏了法制和文明竞争的环境。

创造良好的版权环境是一个大国在国际上应该承担的职责。加入世界贸易组织(WTO)后,只有创造良好的尊重版权的环境,才能更好地促进我国与国际的经济交往。

打击盗版是我国政府一贯坚持的态度。

## 拒绝盗版,从我做起

保护版权、拒绝盗版,不仅是道德问题和法律问题,更是社会问题。让我们从身边的小事中学习版权保护的法律知识,树立坚定的版权保护意识;让我们积极宣传版权保护,营造出尊重版权、保护版权的良好氛围;让我们把尊重版权的理念付诸实践,拒绝盗版,从我做起。

## 世界知识产权日

4月26日是《建立世界知识产权组织公约》纪念日。

1999年,在世界知识产权组织第34届成员国大会上,我国提出了"世界知识产权日"的提案,与阿尔及利亚的提案不谋而合。

该提案受到世界知识产权组织各成员国的普遍欢迎,得到该组织第35届成员国大会的一致通过,同意将每年4月26日定为"世界知识产权日",并在2001年的这一天首次举行有关庆祝活动。

▶书籍

# 世界七大奇观

世界七大奇观是对古代七种著名建筑物和雕刻品的称谓,在西方文献中通常指的是:埃及的胡夫金字塔、巴比伦的空中花园、以弗所(小亚细亚)的阿尔忒弥斯神庙、奥林匹亚(古希腊)的宙斯神像、哈利卡纳苏(小亚细亚)的摩索拉斯陵墓、爱琴海东南部罗德岛上的太阳神巨像、亚历山大城法罗斯岛上的灯塔。

目前,在这七大奇观中,只有埃及的金字塔现存于世,另外六大奇观虽然诞生的年代晚于金字塔,但无一幸免,或毁于战乱,或因天灾人祸湮没在历史的尘埃里。

金字塔是古代埃及国王为自己修建的陵墓,这些金字塔绝大多数都建于埃及第三到第六王朝。埃及共发现金字塔110座,其中最壮观的一座金字塔是在公元前2600年左右建成的胡夫金字塔,全部由人工建成。

巴比伦的"空中花园"相传是公元前6世纪巴比伦第四王朝国王尼布甲尼撒二世为了取悦他的王妃而建造的。"花园"位于幼发拉底河岸古巴比伦城,它实际上是一座约110米高的假山,山上种植层层花草树木,并用人力将河水引上山,做成人工溪流和瀑布。

阿尔忒弥斯是希腊神话中的月神,罗马人称她为狄安娜。供奉她的神庙很多,其中最大的一处位于今土耳其沿岸的以弗所。神殿用白色大理石建成,有许多廊柱,曾用金、银、宝石作为装饰,殿中雕像大多出自希腊最著名的雕刻家普拉克斯特里斯之手。

宙斯是古希腊神话中的众神之神,为表崇拜而兴建的宙斯神像是当时世界上最大的室内雕像。宙斯神像所在的宙斯神殿则是奥林匹克运动的发源地,部分奥运项目就曾经在此举行。其遗址位于希腊西岸奥林匹亚的古城中。

哈利卡纳苏的摩索拉斯陵墓是摩索拉斯国王(死于公元前352年)的王后阿提米西娅为他修建的。陵墓用白色大理石筑成,高约43米,墓前有大理石雕成的石狮护卫,墓顶是国王和王后乘马车的大理石雕像。现在这座陵墓只剩下了一些残迹,而一些雕像的残片现保存在伦敦的大英博物馆中。

罗德岛上的太阳神巨像用青铜铸成,高约30米,矗立在一个高石台上,是一个名叫查尔斯的希腊工匠在公元前282年建成的。公元前304年,罗德岛居民击退了一次敌人的进攻,用从敌人手里缴获的武器熔铸成这座神像,以感谢神的庇护。公元前226年,神像在一次地震中坍倒并一直留在原地,直到公元7世纪,才被人当作废铜变卖了。

法罗斯岛上的灯塔高约122米,分为许多层,最高一层有很宽的回廊,顶端有一个大铜盘,盘中日夜举火,并有一面大铜镜把火光反射到海面上。14世纪,灯塔在一次地震中坍毁。

# 埃及金字塔

埃及金字塔举世闻名，多年来其特殊的构造令人难以置信，充满神秘感。那么，埃及的金字塔只有一座吗？

埃及的金字塔修建于4 500年前，是古埃及法老（国王）和王后的陵墓，当然不只一座。陵墓是用巨大石块修砌成的方锥形建筑，因形似汉字"金"字而被称为"金字塔"。埃及迄今已发现大大小小的金字塔110座，大多建于埃及古王朝时期。这些有4 000多年历史的金字塔主要分布在首都开罗及尼罗河上游西岸吉萨等地。主要建材为石灰岩，部分为花岗岩。在埃及已发现的金字塔中，最大最有名的是位于开罗西南面的吉萨高地上的祖孙三代金字塔。它们是大金字塔（也称胡夫金字塔）、海夫拉金字塔和门卡乌拉金字塔，与其周围众多的小金字塔形成金字塔群，为埃及金字塔建筑艺术的顶峰。

### 不可思议的建筑

据测算，大金字塔由260万块每块重约10吨的石块堆砌而成。塔身的石块之间没有任何水泥之类的黏着物，历经4 500年的风吹雨打，其缝隙迄今仍相当紧密，一把锐利的刀也难以插入。如此精湛的工艺，出自4 500年前古埃及的工匠或奴隶之手，的确令人难以相信。

大金字塔的遗址颇有意味，因为子午线正好从大金字塔中心穿过，也就是说它坐落在子午线的中间。这片岩石地带有一道V字形的天然裂缝，正好利用它来建造巨大的陵墓。

1996年7月，埃及决定开放位于开罗以南约35千米的达舒尔的4座金字塔。这4座金字塔中有两座是为古埃及第四王朝的法老萨夫罗建造的，距今近4 600年。其中的一座造型独特，被称为"弯曲金字塔"或"折角金字塔"。其底部为边长188米的正方形，高约98米，它的奇特之处在于它的每面都具有两个坡度。

考古学家发现，古埃及人在施工时，先以54°的倾角修建，到一定高度后，又改为以43°的倾角继续向上建造，直至完工，这样金字塔的四面看起来便是弯曲的。

为萨夫罗国王建造的另一座金字塔所用的建筑材料为颜色发红的石灰石，因此被称为"红色金字塔"。

1996年8月，埃及考古工作者在开罗西南吉萨金字塔群附近清理门卡乌拉金字塔底座时，偶然发现两尊罕见的拉美西斯二世石像，这是在金字塔高地首次发现的与拉美西斯二世有关的文物。

# 埃菲尔铁塔

埃菲尔铁塔是现代巴黎的标志，是一座于1889年建成，位于法国巴黎战神广场的镂空结构铁塔，高324米。

埃菲尔铁塔得名于它的设计师工程师埃菲尔。铁塔设计离奇独特，是世界建筑史上的技术杰作，因而成为法国的一个重要景点和突出标志。那么，法国人为什么要建造埃菲尔铁塔呢？

1875年法国第三共和国建立以后，为隆重纪念1789年法国资产阶级革命100周年，便决定于1889年在巴黎举办一次轰动世界的国际博览会。其中一个重要的项目，就是要在巴黎建造一座千尺高塔。

为此，一下子涌来了700个建筑方案，经部长洛克卢瓦和其他官员会审，选出了其中18个方案进行严格复审，最后仅确定了一个可行方案，就是建筑工程师埃菲尔的设计方案。

铁塔于1887年1月26日破土动工，1889年3月31日彻底竣工，耗资780万法郎（埃菲尔原预算为800万法郎）。

## 观光胜地

埃菲尔铁塔既是旅游胜地，又是文娱活动场所，演员可以在塔上演戏，甚至把笨重的大象牵到塔上表演，人们还可以在塔上举办演讲会等。在晴空下，游人登上塔顶可看到巴黎东南96千米外的夏特勒教堂的尖顶钟楼，至于巴黎市内，凯旋门、香榭丽舍大街、城角、巴黎圣母院，更是一览无余，尽收眼底。

▼埃菲尔铁塔远景

# 凯旋门

凯旋门，顾名思义就是为纪念胜利归来而建造的门楼一类的建筑物。那么，只有法国有凯旋门吗？

其实不少国家也有这类建筑物，如意大利的罗马君士坦丁凯旋门、俄罗斯的莫斯科凯旋门、朝鲜的平壤凯旋门等。

凯旋门最早是古罗马奴隶制统治者及后来欧洲封建帝王为炫耀战绩而建造的。

君士坦丁凯旋门是为了纪念君士坦丁大帝击败马克森提乌斯而建的，是罗马至今保留最完整的凯旋门。

莫斯科凯旋门与法国巴黎凯旋门不相上下，因为它们都是为纪念同一场战争而修建的。

平壤凯旋门象征着人民对侵略者的胜利，正义对邪恶的胜利，是对人民的颂扬，对正义的颂扬。

## 巴黎凯旋门

巴黎凯旋门不仅是法国最宏伟、最著名的名胜之一，也是驰名世界的一处古迹。

它坐落在巴黎市中心戴高乐广场中央，是拿破仑为纪念他在奥斯特里茨战役中大败奥俄联军的功绩，于1806年下令兴建的。它是欧洲100多座凯旋门中最大的一座，高50米，厚22米，历时30年修建完成。

▲巴黎凯旋门

▲君士坦丁凯旋门

# 玛雅文明

美洲三大原住民文明包括：玛雅文明、阿兹特克文明和印加文明。玛雅人是美洲原住民中文化最发达的，他们创造了发达的文字体系，也创造了玛雅文明。那么你对玛雅文明了解多少呢？

玛雅文明是美洲古代原住民文明的杰出代表，以原住民玛雅人而得名。主要分布在墨西哥南部、危地马拉、伯利兹，以及洪都拉斯和萨尔瓦多西部地区，约形成于公元前1500年。

玛雅人笃信宗教，文化生活富于宗教色彩。他们崇拜太阳神、雨神、五谷神、死神、战神、风神、玉米神等神祇。太阳神居于诸神之上，被尊为上帝的化身。另外，他们还奉行祖先崇拜，相信灵魂不灭。玛雅国家兼管宗教事务，首都即为宗教中心。

## 玛雅文明的成就

玛雅文明的天文、数学达到了很高的成就。通过长期观测天象，它们掌握了日食周期和日、月、金星等运行规律，约在前古典期之末已创制出太阳历和圣年历两种历法。前者一年13个月，每月20天，全年260天；后者一年18个月，每月20天，另加5天忌日，全年365天，每4年加闰1天。每天都记两种历法日月名称，每52年重复一周，其精确度超过同时代希腊、罗马所用历法。在数学方面，玛雅人使用"0"的概念比欧洲人早800余年，计数使用二十进位制。

▲丛林中的玛雅古城遗址

# 妈祖信仰

妈祖文化在中华儿女开发台湾、建设家园和抵御外来侵略的历史过程中发挥了特有的精神鼓舞作用。那么，妈祖信仰是从何而来的呢？

妈祖俗名林默，传说宋太祖建隆元年（960年）农历三月二十三日出生于福建莆田湄洲岛。

林默心地善良，自幼善游泳，经常解救海上遇险渔民，颇受民众爱戴。

28岁时，林默因病去世，乡亲们为了纪念她，就在湄洲岛立庙祭奠。不久又在澎湖立像建庙，尊称为"天妃""圣妃""妈祖"。

郑成功收复台湾后，妈祖也被供奉到台湾岛，尊称为"圣母"。

后来康熙皇帝加封妈祖为"天后"，人们对妈祖的祭祀更加隆重了。

每年农历三月二十三日妈祖生日时，信奉妈祖的男女都会举行盛大的妈祖生日进香活动。

### 妈祖文化的人文价值

在妈祖信仰广泛的传播过程中，形成、积累起来的各种形式的妈祖文化遗产是中华民族优秀传统文化的重要内容之一，其中包含着丰富的人文价值。

首先，妈祖已经成为人们心目中善良、智慧和正义的化身。

其次，妈祖文化的价值在于反映了一种世界大同的崇高理想和深切的人文关怀。

最后，妈祖文化不是一种考古的"文物"，而是一种"活态"的文化，其包含的文化纽带意义已经越来越引起人们的重视。

▲ 湄洲妈祖信仰习俗

# 红衣主教

红衣主教一词在法国文学作品中经常出现，如《红与黑》《三个火枪手》《巴黎圣母院》等。那么，到底什么是红衣主教呢？

红衣主教是天主教会中的一个等级。

基督教与佛教和伊斯兰教并称世界三大宗教。天主教作为基督教的一个分支，是一个具有权威性的组织，其等级有教士、主教、大主教和红衣主教，最后是教皇。

红衣主教是教皇下的第一阶级，比普通主教高级。红衣主教是大地区的主教。教皇死后，就从几十个红衣主教之中选一个做教皇。

## 天主教

天主教也称"公教""罗马公教""罗马天主教"。16世纪开始传入中国，其信徒将崇奉的神称为"天主"，因此在中国称天主教。

天主教是基督教的一个派别，和东正教、新教并称为基督教三大教派。

天主教奉天主圣父、天主圣子（耶稣基督）、天主圣神（圣灵），也奉圣母玛利亚。

## 基督教

据目前掌握的史料分析，基督教产生在公元4—公元66年。

广义范畴的基督教，既包括今天的基督教（亦称耶稣教），同时也包括今天的天主教和东正教等教派。

公元313年左右，罗马帝国开始把基督教奉为国教，因此基督教势力逐渐增大。在11世纪初、中期，基督教一分为二，即罗马教会和希腊教会。罗马教会（以罗马为中心）奉天主教；希腊教会（以君士坦丁堡为中心）奉东正教。16世纪，马丁·路德进行宗教改革后，罗马教会又分成新、旧两教。旧教即天主教，又称公教；新教即今天的基督教，又称耶稣教。

# 茶马古道

2005年10月,云南马帮在沉寂了166年后,沿着茶马古道再次来到京城,为人们送来了久别的普洱茶,也让人们认识了马帮文化。那么,茶马古道究竟是如何起源的呢?

追溯历史,云南与西藏的民族交往源远流长。生息于雅鲁藏布江流域的古代藏族饮食以牛羊肉为主,茶叶因具有解油腻的特殊功能,成为藏族人生活的必需品。

有需求就有交易,茶马互市渐渐地成为藏汉之间的一件大事。茶马古道也不断地向藏区延伸,这也就形成了早期的茶马古道。

▲重走茶马古道

300多年前,云南普洱茶成为朝廷贡茶,从而将茶马古道延伸成了北上的清朝"贡道"。

从云南普洱到京城需要走5个多月,马帮出发时驮着的是生茶,在几个月里,茶叶会在不同地域的不同气候条件下"自然发酵",到达京城后自然成熟,茶叶因味重、甘甜、陈香滑润而享誉京城。

## 重走茶马古道

2005年5月1日,云南马帮从云南普洱出发,来自云南贡山、腾冲和施甸等地11个少数民族的68位赶马人,赶着120匹身驮3 000千克云南普洱茶的骡马,历时5个半月,穿越云南、四川、陕西、山西、河北5个省份,行走4 000多千米,跨越166年的历史,重走茶马古道。10月10日,他们终于到达目的地——北京八大处公园。

# 丝绸之路

丝绸之路是指古代以中国为始发点，向亚洲中部、西部及非洲、欧洲等地运送丝绸等物的交通要道。它东起我国古都长安（今西安附近），沿渭水西行，经过河西走廊（今甘肃省狭长地带），到达敦煌，出玉门关和阳关，进入"西域"（今新疆及以西地区）。南路出阳关沿昆仑山北麓西行，北路出玉门关沿天山南麓西行，翻越葱岭（今帕米尔高原）进入今中亚地区，再往西，经今伊朗等国到达大秦（罗马帝国在中东的领地）境内。这条交通线上运输最多的商品是丝绸，因此被称为"丝路"或"丝绸之路"。

丝绸之路是汉唐千余年间东西方之间经济、文化交流的重要桥梁，它把古代的中华文化、印度文化、波斯文化、阿拉伯文化和古希腊、古罗马文化连接起来。通过丝绸之路，中国的丝绸、铁器、打井技术等传到西域，西域的土特产、乐器，印度的佛教等也传入中国。

## 丝绸之路概念

丝绸之路有"沙漠丝绸之路""海上丝绸之路""草原丝绸之路"三个概念。

人们通常所指的丝绸之路是穿越中亚，翻过帕米尔高原，抵达西亚的线路。若再往北走，则是北路，往南走是南海路。

实际在历史上，丝绸之路并没有严格的界定，三条线路皆由众多干线与支线组成。

北路是指北纬50°横跨东西穿蒙古高原，越喀喇昆仑山的草原之路，这条路主要是中亚牧民西去的线路，历史上称为北路。

从北纬40°向西至北纬35°偏南的这一带沙漠中，曾经有数条线路，但以北纬40°贯穿东西的最长一条线路作为丝绸之路的中路。人们通常所指的丝绸之路从狭义上讲就是该线路，即史书记载的商队（西域以骆驼为交通运输工具的商队）所经路线。史书上记载最多的是这条丝路。

南路基本上是指经印度、东南亚至红海、波斯湾的南海路，古代相当多的东南亚人、波斯人、阿拉伯人都利用此路。

# 五岳

俗话说："五岳归来不看山，黄山归来不看岳。"五岳和黄山都是中国的名山，是旅游胜地，那五岳到底指的是哪五座山呢？

五岳是远古山神崇拜、五行观念和帝王巡猎封禅相结合的产物，后被道教继承，被视为道教名山。它们分别是：东岳泰山、西岳华山、南岳衡山、北岳恒山、中岳嵩山。其中东岳泰山位于山东省泰安市、西岳华山位于陕西省华阴市、南岳衡山位于湖南省衡阳世、北岳恒山位于山西省浑源县、中岳嵩山位于河南省登封市。

东岳泰山之雄，西岳华山之险，南岳衡山之秀，北岳恒山之幽，中岳嵩山之峻，早已闻名于世界。

古代封建帝王把五岳看成神的象征，东岳泰山为五岳之首是名副其实的，中国历代曾有72位皇帝到泰山封禅。

## 泰山封禅与祭祀

帝王登基之后，为答谢天地之恩，便带领文武百官到泰山顶上筑坛祭天，表示功归于天，这就叫"封"，下山后再到山前的小山丘上设坛祭地，这就叫"禅"。

泰山封禅源于古代人类对大自然的崇拜。随着历史的推移，封禅向"君权神授"方面转化，成为历代统治者加强统治的重要手段。

△东岳泰山 △西岳华山 △中岳嵩山 △北岳恒山 △南岳衡山

# 西方人对数字的忌讳

西方人对数字是有忌讳的,他们最讨厌数字"13",因此在谈话与衣食住行方面尽量避免用到这个数字,如 12 楼上面就是 14 楼,而没有 13 楼。你知道这是为什么吗?

相传,耶稣在与十二个门徒共进最后的晚餐时,对大家说有一个门徒出卖了自己。大家你看看我,我看看你,发现第十三个人——犹大的脸上呈现出惊恐的神色,原来正是犹大出卖了耶稣。大家憎恨犹大,也就把数字"13"看成不吉利的象征。

◀寿字的繁体

但大部分中国人对 13 并无忌讳,相反有人还非常喜爱,因为有人认为中文"福""禄""寿"三个吉祥的繁体字就是 13 画,这有何不好呢?

西方人还避谈星期五,如果星期五出了事,就归罪于这是个"黑色星期五"。近由于改革开放,受到西方文化的影响,在我国也有人开始忌讳"黑色星期五"。

西方音乐界及作曲界则忌讳"9",因为贝多芬就是创作了举世闻名的九大交响曲后辞世的。此后舒伯特、德沃夏克、威廉姆斯等著名作曲家也都在写完 9 首交响曲后与世长辞。

奥地利作曲家马勒在写完 8 首交响曲,并为之编号后有意继续写,但又想逃过"9",就写了一首不编号的交响曲,当时安然无恙。后来他又创作了一首交响曲,将之编号为 9,不幸在编写第 10 首交响曲前就死了。

由于语言特征、宗教文化、神话传说,以及民族文化心理的差异,禁忌数字在东西方文化中并未完全相同。同一种数字在一种文化中得到人们喜爱,却有可能遭到另一种文化的厌恶。因此加深不同文化间的了解,大有裨益。

# 年三十晚上为什么被称为除夕？

除夕是指每年农历腊月的最后一天，它与春节（正月初一）首尾相连。除夕中的"除"字是"去、交替"的意思，除夕的意思是"旧岁至此而除，新年明晨而始"。那么，年三十晚上为什么被称为除夕呢？

年三十之所以被称为除夕，源于古代的一个传说故事：古时候有个凶恶的怪兽叫夕，它每到腊月的最后一天夜里都会出来吞食人畜，危害百姓。后来，人们发现它的弱点是怕火光、怕声音，于是人们便在年三十晚上，通宵不眠，燃放爆竹，来驱除夕兽，以求新的一年安宁。这种习俗一直流传下来，年三十晚上便称为除夕了。

▼春节悬挂的灯笼

### 春节

中国历史上早有"春节"一词，不过指的是二十四节气中的"立春"，这在《后汉书·杨震传》中有记载："春节未雨，百僚 心，而缮修不止，诚致旱之征也。"

到了南北朝时期，"春节"已泛指整个春季。

把正月初一定为"春节"，是辛亥革命以后的事。据考证，中国人过的第一个春节在1914年1月26日。

### 过年为什么要给压岁钱？

"压岁"是"压祟"的谐音，这里的"祟"是鬼的意思。大人希望"压岁钱"能为小孩子驱邪避鬼，让孩子平安健康地成长。

除夕之夜，家里的大人会把用红线穿好的铜钱挂在小孩子的胸前，铜钱的数目与小孩子的年纪相同。不过，现在压岁钱可不是用红线穿起来的铜钱了，都换成红包了，数目也大大超过孩子们的岁数了。

# 握手礼仪

握手是大多数国家的人们在社会交往活动中相互见面和离别时的礼仪,它还含有感谢、慰问、祝贺或相互鼓励的意思。握手的力量、姿势和时间长短往往能够表达出对握手对象的不同礼遇和态度,显露自己的个性,给人留下不同印象。那么,握手时应注意哪些问题呢?

握手时应注意以下四点。

首先是神态。与他人握手时,应当神态专注、认真、友好。在正常情况下,握手时应目视对方双眼,面带笑容,同时问候对方。

其次是姿势。与他人握手时,一般均应起身站立,迎向对方,在距其1米左右时伸出右手,握住对方的右手手掌,稍微上下晃动一两下,并且令其垂直于地面。

再次是力度。握手用力既不可过轻,也不可过重。

最后是时间。在普通场合与别人握手的时间以3秒钟左右为宜。

值得注意的是,除非右手有不适之处,否则绝不能用左手与他人握手,尤其是对外国朋友,这一点要特别注意。比如印度教徒和穆斯林认为,左手只适用于洗浴和去卫生间方便,绝不能去碰其他人;西方人也不喜欢用左手跟人握手。握手遵循的是"尊者优先"的原则。在上司面前,应该由上司先伸手;在客户面前,应由客户先伸手;在长者面前,应由长者先伸手。

▲用右手握手

在社交场合,尤其是与外国朋友在一起时,男女之间应遵循女士优先的原则,由女士先伸出手示意与男士握手。

因为经济的发展及女性地位的提高,女性在职场应表现得大方而独立,所以在商务场合握手的礼仪不受女士优先原则的限制。

# 嘉年华

在欧洲，嘉年华是一个传统的节日。嘉年华的前身是欧美狂欢节，最早起源于古埃及，后来成为古罗马的农神节的庆祝活动。不过你知道这个美丽的中文名字的最初起源吗？

这和《圣经》中的一段故事有关。

魔鬼把耶稣困在旷野里，40天没有给他吃东西。耶稣虽然饥饿，却没有接受魔鬼的诱惑。

后来，为了纪念耶稣在这40天中的荒野禁食，信徒就把每年复活节前的40天时间作为斋戒及忏悔的日子，叫作大斋节。

在斋期开始前的一周或半周内，人们专门举行宴会、舞会、游行，纵情欢乐，故有"狂欢节"之说。

大约在20世纪70年代，上海复旦大学教授陆谷孙第一次在香港听到了"嘉年华会"的名称，从人们狂欢的活动中，他猜这个中文的"嘉年华"必定就是英文中的carnival（狂欢节）。不久之后，这个优美的译名传入内地，成为人们熟悉的名词。

## 环球嘉年华

环球嘉年华（世界三大游乐品牌之一）的经营者威廉·史蒂芬·比利生长在一个传统经营嘉年华的家族。

最初，他们用毛驴拉着小车在英国四处游走，在旅行中为人们送去欢乐。

经过120年的经营，六代人的努力，史蒂芬家族的嘉年华已经发生了质的飞跃，将狂欢的精神与现代高科技的机械相结合，组合成庞大的游艺团体，其惊险刺激的大型乘骑设备和挑战自我的竞技游戏，让人惊心动魄、乐此不疲。

◀环球嘉年华上的摩天轮

# 剪彩

　　剪彩是20世纪才开始盛行的一种仪式，不仅买卖开张时要搞这种仪式，连工程开工、落成等许多事情也都要剪彩。近年来，隆重的剪彩仪式在我国更是随处可见，许多知名人士、影视明星都当过剪彩人。那么你知道剪彩最早起源于哪个国家吗？

　　剪彩最早起源于美国。

　　据说1912年美国有一家大百货公司将要开张，老板威尔斯为了讨个吉利，严格地按照当地的风俗办事，大清早就把店门打开，并在门前横系着一条布带。

　　就在他等着正式开业的时刻到来时，小女儿无意中碰断了横在门前的布带。人们以为该公司正式开始营业了，于是蜂拥而入，争先恐后地购买货物。

　　不久，当威尔斯开分公司的时候，他又如法炮制，效果自然不错。

　　后来，人们效仿此法，又用彩带取代了色彩单调的布带，并用剪刀剪断彩带，有的甚至用金质剪刀。这样一来，人们就正式给它起了个"剪彩"的名称，这一形式后来风靡了全世界。

　　还有一种说法：剪彩仪式起源于西欧国家。

　　西欧国家新船下水时，都要举行庆典，前往观礼的人很多。为防止发生意外，船体与观礼者之间使用布绳隔开。在准备就绪之后，才用剪刀剪断布绳，让观礼者参观。这种防范措施后来演变为剪彩仪式。

**剪彩时应注意哪些细节？**

　　剪彩者穿着要整洁、庄重，精神要饱满，给人以稳健、干练的印象。

　　剪彩者走向剪彩的绸带时，应面带微笑，落落大方。

　　当工作人员用托盘呈上剪彩用的剪刀时，剪彩者应向工作人员点头致意，并向左右两边手持彩带的工作人员微笑致意，然后全神贯注，把彩带一刀剪断。

　　剪彩完毕，放下剪刀，应转身向四周的人鼓掌致意。

▼剪彩带

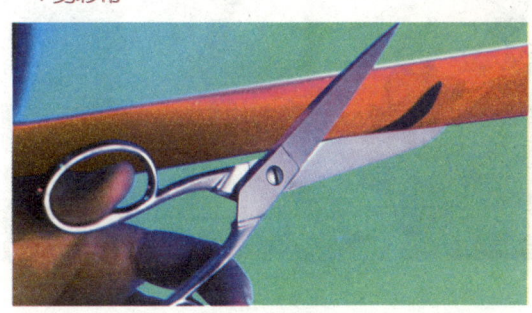

# 中国为什么要加入 WTO？

世界贸易组织（World Trade Organization，WTO）是致力于监督世界贸易和使世界贸易自由化的国际组织。那么，中国为什么要加入 WTO 呢？

中国加入 WTO，不仅有利于中国，而且也有利于 WTO。加入 WTO，有助于中国争取和维护在国际经济舞台上的发言权，并创造一个有利于自己发展的国际环境。加入 WTO，有利于中国的市场化的改革。

WTO 遵循以下市场经济的运行原则。

非歧视性贸易，可预见的和不断扩大的市场准入，促进公平竞争，鼓励发展与经济改革。

所有这些，对于一个致力于建设和发展市场经济的国家来说，是一种难得的机遇。在多边贸易体系中，各国都能够在经济上取长补短，更好地发挥优势，较大幅度地促进增长。

### 中国是什么时候加入 WTO 的？

2001 年 11 月 10 日晚 6 时 38 分（卡塔尔首都多哈当地时间），世界贸易组织第四届部长级会议审议通过了中国加入世界贸易组织的申请。中国将从当年的 12 月 11 日起正式成为世贸组织成员。

### 最惠国待遇

最惠国待遇，是国际经济贸易关系中常用的一项制度，又称"无歧视待遇"。它通常指的是缔约国双方在通商、航海、关税、公民法律地位等方面相互给予的不低于现时或将来给予任何第三国的优惠、特权或豁免待遇。

最惠国待遇可分为无条件最惠国待遇和有条件最惠国待遇两种。前者指缔约国的一方现在或将来给予第三国的一切优惠，应无条件地、无补偿地、自动地适用于缔约国的另一方；后者指缔约国的一方现在或将来给予第三国的优惠，缔约国的另一方必须提供同样的补偿才能享受。

▲友好会谈

# 国际护士的最高荣誉是什么？

5月12日是国际护士节，是为了纪念近代医务护理学创始人南丁格尔而设立的，是全世界护士的共同节日。那么，国际护士的最高荣誉是什么呢？

"南丁格尔奖"是国际护士的最高荣誉奖，获得该奖是护士一生最高的荣誉。该奖主要颁发给有关国家的红十字会或红十字会附属医护单位的护士、志愿者等，以表彰其以特别的献身精神和勇气及为健康受到威胁的人们的忘我服务和取得的优异成绩。该奖设立于1912年，每两年颁发一次。

## 提灯女神

在伦敦街头树立着一座女士的铜像，在10英镑纸币的背面印有这位女士的半身像，她就是近代护理学的奠基人南丁格尔。英国人把她看作英国的骄傲，美国著名诗人朗费罗还特地写诗赞颂她的功绩，赞美她的高贵精神，称她为女界的英雄。

南丁格尔（1820—1910）是英国护理学先驱、妇女护士职业创始人和现代护理教育的奠基人。

在克里米亚战争中，南丁格尔以其人道、慈善之心为交战双方的伤员服务，被战地士兵称为"提灯女神"。战争结束后，她被视为民族英雄。

1857年，在南丁格尔的努力下，英国皇家陆军卫生委员会成立。同年，军医学校成立。

南丁格尔

1860年，英国建立了世界上第一所正规护士学校——南丁格尔护士学校，推动了西欧各国乃至世界各地护理工作和护士教育的发展。

由于南丁格尔的努力，护理学成为一门学科，她的办学思想由英国传到欧美及亚洲各国，被誉为近代护理专业的鼻祖。

1912年，国际护士理事会将南丁格尔的诞生日——5月12日定为国际护士节，旨在激励广大护士继承和发扬护理事业的光荣传统，以"爱心、耐心、细心、责任心"对待每一位病人，做好护理工作。

该日最初称"医院日"，也称"南丁格尔日"，在中国则称为"国际护士节"。在这天，大力宣传护理工作，鼓励护士学习救死扶伤的人道主义精神，已经成为世界各国护理界的一件盛事。

# 帝王权威为何称作"九五之尊"?

"九""五"两个数字与封建宫廷生活的各个方面包括建筑有着密不可分的联系,有着至高无上的象征意义,只有封建帝王才能享有。民间大都知道"九五之尊"的说法,帝王权威为何称作"九五之尊"呢?

一种简单的说法为:中国古代把数字分为阳数和阴数,奇数为阳,偶数为阴。阳数中九为最高,五居正中,因而以"九"和"五"象征帝王的权威,称为"九五之尊"。

另一种说法认为"九五"一词来源于《易经》。《易经》六十四卦的首卦为乾卦,乾者象征天,因此也就成了代表帝王的卦象。乾卦由六条阳爻组成,是极阳、极盛之相。从下向上数,第五爻称为九五,九代表此爻为阳爻,五是第五爻的意思。九五是乾卦中最好的爻,乾卦是六十四卦的第一卦,因此九五也就是六十四卦三百八十四爻的第一爻了,也就成了帝王之相。故帝王权威称作"九五之尊"。

## 何谓九重天?

所谓九重天即第一重日天、第二重月天、第三重金星天、第四重木星天、第五重水星天、第六重火星天、第七重土星天、第八重二十八宿天、第九重为宗动天(上帝的起居室)。

## 皇帝为什么自称"朕"?

"朕"这个词早已进入历史博物馆。你知道皇帝为什么自称"朕"吗?

我国最早的一部解释词义的专著《尔雅·释诂》说:"朕,身也。"

在先秦时代"朕"是第一人称代词,不分尊卑贵贱,人人都可以自称"朕"。自秦始皇统一天下后,一般人不能自称"朕"了。

《现代汉语词典》解释"朕"说:"人称代词。秦以前指'我的'或'我',自秦始皇起专用作皇帝的自称。"但"朕"作为第一人称代词,在先秦时代并不等于后世的"余""吾""我"之类的第一人称代词。

清朝乾隆皇帝

# 我国最早的编年体史书是哪一部？

我国是一个有着悠久历史的文明古国，而记载历史发展过程的史书也有很多，其中还有多种体裁，如编年体、断代史、纪传体等。那么，我国最早的编年体史书是哪一部呢？

《春秋》是我国最早的编年体史书。

编年体史书就是按年、月、日有次序地记载史事的史书。如果说《史记》《汉书》等纪传体史书是横向叙述历史的，那么《春秋》《资治通鉴》这类的编年体史书就是纵向叙述历史的。

编年体这种体裁的史书，最早起源于中国。

东周时，各诸侯国都设置史官撰写本国的编年史，但名称不一。那时一年只有春、秋二季而无冬、夏，因此古人称年为"春秋"。到了春秋时期，虽然已有四季划分，但是人们仍然习惯用旧称。

## 孔子编订《春秋》

东周时期诸侯国的史书均已散失，只有孔子编订的鲁国史《春秋》流传了下来，这是孔子的一大功劳。《春秋》是孔子晚年的呕心沥血之作。

孔子周游列国14年，在他返回鲁国后，以"国老"身份问政，因此有条件阅读鲁国档案。他为寓寄自己的政治理想和主张，以便留给后人效法，就用晚年的精力编纂《春秋》等"六经"。

## 史书的体例

纪传体：纪传体史书创始于西汉司马迁的《史记》，以人物传记为中心。它用"本纪"叙述帝王；用"世家"记叙王侯封国和特殊人物；用"表"统系年代、世系及人物；用"书"记载典章制度；用"列传"记人物、民族及外国。历代修正史都以此为典范。

编年体：编年体史书按年、月、日顺序编写，以年月为经，以事实为纬，《左传》《资治通鉴》等都属于这一类。

纪事本末体：纪事本末体创始于南宋袁枢的《通鉴纪事本末》。这种体裁的特点是以历史事件为纲，重要史事分别列目，独立成篇，各篇又按年、月、日顺序编写。

通史：连贯地记叙各个时代的史实的史书称为通史，西汉司马迁的《史记》也可称为通史。因为它记载了上自传说中的黄帝，下至汉武帝时代，历时3 000多年的史实。

断代史：记载一朝一代历史的史书称为断代史，创始于东汉班固的《汉书》。"二十四史"中除《史记》外，其余都属断代史。

# 举世闻名的《孙子兵法》

中国古代有许多著名的军事家,他们编写了很多军事著作,如《孙子兵法》《三十六计》《吴子兵法》《六韬》《三略》等。现在,《孙子兵法》早已举世闻名,这是为什么呢?

《孙子兵法》是中国古典军事文化遗产中的璀璨瑰宝,是中国优秀传统文化的重要组成部分。其内容博大精深,逻辑缜密严谨。

《孙子兵法》的作者是春秋时期伟大军事家孙武,大约成书于春秋末年,自问世以来,对中国古代军事学术的发展产生了巨大而深远的影响,被尊奉为"兵经""百世谈兵之祖"。历代兵学家、军事家无不从中汲取养料,用于指导战争实践和发展军事理论。

《孙子兵法》共有13篇,总计6 000多字,包括"始计篇""作战篇""谋攻篇""军形篇""兵势篇""虚实篇""军争篇""九变篇""行军篇""地形篇""九地篇""火攻篇""用间篇"。

《孙子兵法》不仅是中国的谋略宝库,在世界上也久负盛名。它在隋唐时传入日本,现今已被译为英、法、日、德、俄等多种文字,在世界各国广为流传。

《孙子兵法》历代都有著录。

1972年4月山东省临沂县银雀山汉墓出土的竹书《孙子兵法》为迄今最早的传世本,可惜为残简,不能窥其全貌。

现存重要的版本为南宋宁宗时所刻《十一家注孙子》,以及宋刻与宋抄《武经七书》本,其中宋本《十一家注孙子》经清代孙星衍校定考证后,成了近世流传最广、影响最大、最实用的读本。

◀ 竹简《孙子兵法》

# "史家之绝唱"——《史记》

鲁迅先生称赞司马迁的《史记》为"史家之绝唱,无韵之《离骚》"。为什么鲁迅会对《史记》有这么高的评价呢?

《史记》是我国第一部纪传体通史。《史记》的出现,为我国历史学树起了一座丰碑。鲁迅赞誉《史记》为"史家之绝唱",是因为它开创了我国史学以纪传体编史的先例。

司马迁在前人的基础上,以本纪、表、书、世家、列传五体为结构,创造性地探索了以人物为主体的历史编纂方法。

《史记》涉及的哲学、政治、经济、文学、美学、天文、地理、人才、伦理道德等方面,几乎囊括了当时人类思想、活动的全部内容。其语言文字水平在所有史学著作中是独居尊位的。因此,《史记》超出了一般意义上的通史著作的范围,是一部百科全书式的巨著。

## 司马迁是怎样写《史记》的?

司马迁家族世代担任太史的官职,修史是家族的事业。他写《史记》前,是中国封建时代空前绝后的漫游者,他在父亲的要求下,从20岁开始进行了为期两年的漫游。

司马迁的漫游,是一次实地考察,他亲自采访,获得了许多第一手材料,保证了日后《史记》的真实性和科学性。

司马迁用了整整18年时间,在他60岁时,终于完成了一部52万字的辉煌巨著——《史记》。

## 史书的种类

我国的史书卷帙浩繁,种类很多,大致可以分为下列五种。

正史:以纪传体、编年体的体例,记载帝王政绩、王朝历史、人物传记和经济、军事、文化、地理等诸方面情况的史书叫正史,如通常所说的二十四史。除少数是个人著述(如司马迁的《史记》)外,大部分正史是官修的。

杂史:只记载一事之始末,一时之见闻或是一家之私记,是带有掌故性的史书。

别史:主要指编年体、纪传体之外,杂记历代或一代史实的史书。有时与杂史难以区分。

野史:有别于官撰正史的私家编写的史书。

稗史:通常指记载闾巷风俗、民间琐事及旧闻之类的史籍,如清代潘永因的《宋稗类钞》,近代徐珂的《清稗类钞》。有时也用来泛指"野史"。

# 《资治通鉴》

司马光砸缸的故事流传了千百年，现在已是家喻户晓。司马光不止小时候聪明机灵，长大后仍然博学多才，因此皇帝让他负责编撰了《资治通鉴》。那么，《资治通鉴》到底是一部什么书呢？

《资治通鉴》是我国历史上第一部编年体通史，也是一部集体编写的历史巨著，主编是司马光，协修是刘恕、刘攽和范祖禹，司马光的儿子司马康担任检阅文字的工作。

司马光原欲定名为《通志》，宋神宗即位后把《通志》改名为《资治通鉴》，意思是"鉴于往事，有资于治道"。

全书共294卷，记事上起周威烈王二十三年（公元前403年），下迄后周世宗显德六年（959年）。

司马光是为了巩固当时的封建政权才编写《资治通鉴》的，这就决定了此书的内容主要是政治史。他把历史上的君主，根据他们的才能分为创业、守成、陵夷、中兴、乱亡五类。《资治通鉴》对那些治国无方的君主都进行了一定程度的揭露和谴责，以为后世君主的鉴戒。

《资治通鉴》还有许多很有价值的关于军事、经济、文化、学术思想、史学等方面的历史记载。《资治通鉴》所收集的材料十分丰富，据估计《资治通鉴》所引之书多达300种。

《资治通鉴》是我国一部极为重要的编年史，不仅为封建统治阶级提供了统治经验，也具有很高的史料价值。全书体例严谨，前后脉络分明，语言文字也极为简练。这些对后世史学都产生了极大的影响。

《资治通鉴》也有它的不足和缺点。由于司马光受时代和阶级的局限，在对待农民起义问题上，其立场与观点有一定问题。

《资治通鉴》自成书以来，已成为为官从政者案头必备的教科书，被奉为金科玉律、无上宝典。

## 辛苦写史书

司马光和他的助手一起，用了整整19年，写出了鸿篇巨制《资治通鉴》。

据说，司马光不仅充分利用白天的时间，晚上也很少休息。在他的勤奋努力下，一部300多万字的《资治通鉴》定稿了。初稿几百卷，稿上竟没有一个写得潦草的字。待这部书修改完毕，仅在洛阳存放的未用残稿就堆了满满两屋子。

# 《授时历》

　　《授时历》是我国古代使用时间最长的历法。这部历法是元代大天文家郭守敬修订的，之所以命名为《授时历》，是因为要告诉老百姓不要错过了农时。你知道为什么要修编《授时历》吗？

　　元世祖时，因为中国的旧历法年久失修，经常有节气差错或日、月食不准的弊病，所以郭守敬就奉命主持历法的修订工作。

　　经过四年的时间，他终于测算编成当时最精良的历法《授时历》，随后通行360多年。

　　当时许多天文观测的仪器都已经老旧不堪，因此郭守敬就着手修改、创造新的仪器，其中最有名的就是"简仪"。这个仪器是他根据古代的天文观测仪"浑仪"简化制作完成的。

　　值得一提的是，在《授时历》中，郭守敬将一年确定为365.2425日，与地球绕太阳公转一周的实际时间相比只差26秒。

　　《授时历》吸取了历代历法的先进经验，采用了较精确的数据。如朔望月、近点月、交点月取自金《重修大明历》，回归年的数据取自南宋《统天历》，并接受《统天历》关于回归年的长度古大今小的观点，废除了历来复杂的分数算法，分别以一日为百刻，一刻为百分，一分为百秒，秒以下亦以百进位，主要天文数据以万为分母，减少了运算程序。

　　《授时历》废除了上元纪年，以至元十八年天正冬至为历元，确定当年的气应、闰应、转应和交应等。这种算法与近代相似。在黄赤道度数换算方面，创立了两个经验公式，其实际结果与球面三角公式近似。《授时历》还创立了三次差的内插法，它在中国古代的历法中占有很重要的地位。正如清代学者梅文鼎所言："《授时历》不用积年，一凭实测，故自元迄明，承用三四百年，法无大差，盖自西历以前，未有精于授时者也。"

## 天文史话

　　郭守敬是中国元代天文学家、水利专家。他自幼在数学、水利学和天文学等方面受到了良好的教育。因在水利工程中政绩突出，官至工部郎中。

　　郭守敬先后创制和改进了简仪、玲珑仪、浑天仪、仰仪、高表、立运仪、证理仪、景符、窥几、日月食仪、星晷、定时仪、候极仪、正仪、正方案、正仪座、悬正仪等数量多、精度高的天文仪器，可测天体方位、日影长短、地方时等，为编制准确的历法提供了必要条件。这些仪器大大提高了观测精度，对元、明时期天文研究的影响极为深远。

# 刻在石柱上的法典

有一部法典,是人类迄今为止发现的世界上最早的成文法典,是刻在石柱上的。你知道这部刻在石柱上的法典是哪一部吗?

汉穆拉比是古巴比伦国的第六代国王,是位勇猛过人、精通谋略的国王,他用8年时间统一了两河流域,在巴比伦帝国建立了君权神授的中央集权制度,形成以巴比伦为中心、楔形文字为特征,辐射整个西亚地区的"楔形文字文化圈"。巴比伦作为两河流域的政治、经济、文化中心持续了2 000多年。

汉穆拉比最大的贡献是颁布了《汉穆拉比法典》。他每天要处理的申诉案件实在太多,简直应付不了,就让臣下把过去的一些法律条文收集起来,再加上社会上已形成的习惯,编成了一部法典。

汉穆拉比下令把法典刻在石柱上,竖立在巴比伦马都克大神殿里,这个石柱就是著名的《汉穆拉比法典》,是世界上所发现的最早成文的法律条文,也是世界上最早的一部比较系统的法典。

## 法典的发现

1901年12月,由法国人和伊朗人组成的一支考古队,在伊朗西南部一个名叫苏撒的古城旧址上进行发掘工作。一天,他们发现了一块黑色玄武石,几天以后又发现了两块,将三块拼合起来,恰好能组成一个椭圆柱形的石碑。

这块石碑高2.25米,底部周长1.9米,顶部周长1.65米。在石碑上半部精致的浮雕中,古巴比伦人崇拜的太阳神沙马什端坐在宝座上,古巴比伦国王汉穆拉比恭谨地站在它的面前,沙马什正在将一把象征帝王权力的权标授予汉穆拉比。石碑的下半部刻着汉穆拉比制定的一部法典,是用楔形文字书写的,其中有少数文字已被磨光。这个石碑就是著名的《汉穆拉比法典》。

这部法典一共有282条,刻在圆柱上共52栏4 000行,约8 000字。圆柱挖掘出来的时候,正面7栏(35条)已经损坏,其余的基本完整。

《汉穆拉比法典》分为序言、正文和结语三部分。正文共有282条,其中包括诉讼手续、盗窃处理、租佃、雇佣、商业高利贷和债务、婚姻、遗产继承、奴隶地位等条文,比较全面地反映了当时的社会情况。在巴比伦社会中,除了奴隶主和奴隶,还有自由民。这部法典的很多条文是用来处理自由民的内部关系的,处理的原则就是"以牙抵牙,以眼还眼"。例如:两个自由民打架,一个人被打瞎了一只眼睛,对方就要同样被打瞎一只眼睛作为赔偿;被人打断了腿,也要把对方的腿打断;被人打掉牙齿,就要打掉对方的牙齿。

# 我国现存最早的私家藏书楼

图书馆是收藏图书和文献的地方，一般都是政府建的。但在我国民间，一些图书爱好者也建有自己的图书馆，有的还颇具规模。那么，你知道我国现存的最早的私家藏书楼在哪里吗？

天一阁是国内现存的最古老的藏书楼，距今已有430多年的历史，素有"南国书城"之盛誉，是亚洲现存历史最悠久的私人藏书楼，也是世界上现存最早的三个私家藏书楼之一。它修建于明嘉靖四十年至四十五年（1561年至1566年），原为明兵部右侍郎范钦的藏书处所。范钦取"天一生水"之说，以水治火之义，建筑书楼，并命名为"天一阁"。阁前的水池用于防火。

1982年，国务院将天一阁列为全国重点文物保护单位。

天一阁现藏各类古籍近30万卷，其中珍椠善本8万卷，尤以明代地方志和科举录最为珍贵。

## 几种图书版本

珍本：通常指珍贵的书籍或文学资料，如罕见的革命文献、极有价值的古旧图书资料等。珍本贵在"难得"，如《共产党宣言》的中文译本很多，但20世纪20年代中国共产党在上海建立的人民出版社印行的版本，已非寻常可见，成为珍贵的革命文物，从版本学角度看，当推为"珍本"。

抄本（写本）：手抄的书籍。现存最早的抄本书是西晋元康六年（296）写的佛经残卷，因为当时尚无印刷术；《永乐大典》《四库全书》，卷帙浩繁，一时难以刊刻，只能部分传抄；小说《第二次握手》曾因政治原因不得发表而传抄一时。

▲天一阁藏书楼

抄本常因系名家手迹，接近原稿，保存完整等原因，十分珍贵。例如，铸雪斋抄本《聊斋志异》，保存篇章较多，原稿却散失一半，因而它成为今天刊印该书的一种主要依据。

孤本：仅存一本的图书，也包括仅存一份的某书的某种碑刻的旧拓本和未刊刻的手稿等。现存世界最早的印刷品——我国唐代（868年）印刷的《金刚经》卷子，就是孤本。

# 焚书坑儒

秦始皇是历史上最具争议的帝王,他做了许多轰轰烈烈的事情,如统一六国、统一度量衡和文字、修建万里长城、下令焚书坑儒等。你知道"焚书坑儒"到底是怎么回事吗?

焚书坑儒是中国古代秦始皇焚烧典籍、坑杀儒生的事件。

秦始皇统一六国后进行了一系列的改革,其中最重要的是加强了中央集权,用郡县制代替分封制。

秦朝的博士淳于越反对采取中央集权的郡县制,主张根据古来的制度,把土地分别封给子弟。

秦朝的丞相李斯主张禁止儒生"以古非今、以私学诽谤朝政",就是不许学者根据自己对学问的看法,对朝廷的政治、经济等问题提出意见和批评。

秦始皇采纳李斯的建议,下令焚烧《秦纪》以外的六国史书;对于私藏的《诗经》《尚书》等限期交出烧毁;有谈论《诗经》《尚书》的处死,称赞过去的而议论现在政策的灭族;禁止私学,想学法令的人要以官吏为师。这些措施引起许多读书人的不满。

第二年,许多方士奉命去寻找仙药,没有找到,还讲怪话攻击秦始皇。秦始皇派人调查,将460多名方士挖大坑活埋。

这些事件在历史上被称为"焚书坑儒"。

**在我国古代"博士""方士""儒生"指的是哪些人呢?**

博士:古代官学里的一种职务。

方士:方术之士,古代自称能求仙炼丹使人长生不老的人。

儒生:通晓儒家经书的人。

▶ 秦始皇铜像

# "九儒十丐"

在元代，社会情况发生了巨大的变化，元代科举一度中断70余年，出现了"九儒十丐"的说法。你知道"九儒十丐"是怎么回事吗？

据说，读书人最不值钱的时期莫过于元朝。那时候，重官轻文的风气达到了相当严重的程度。

当时民间流传着一条社会等级谚语："一官、二吏、三僧、四道、五医、六工、七猎、八民、九儒、十丐。"第一类的职业是官员，第二类是为官员办差的衙役，以下便是和尚、道士、医生、工匠、猎人、农民了，讨饭的乞丐自然排在最末尾的第十位，而读书人，就排在仅高于乞丐的第九位。

不知是什么人，把知识分子称作"臭老九"，这个称呼大概就是源于元朝的"九儒十丐"吧！

## "南方出文人，北方出皇帝"之说

因为中国历史上在明之前的经济发达地区是黄河流域，而靠近北方，剽悍的游牧民族比南人更善战，而且北方盛产铁矿，士兵的兵器有保证，所以中国历史上所有北统南的国家都比南统北的国家强盛，比如明和清的比较。

在中国古代历史上，南方出文人，北方出皇帝。

自屈原以来，诗人、文学家、画家多出在江南，江南才子是天下闻名的。现代文学史上的鲁迅、郭沫若、茅盾、巴金、老舍、曹禺六大家及数小家，绝大部分出自南方。

至于皇帝，则更为有趣，统一王朝的皇帝似乎全部出自北方。从秦始皇开始算起，汉高祖刘邦、东汉光武帝刘秀、宋太祖赵匡胤、元朝的成吉思汗及元世祖忽必烈、明太祖朱元璋，以及中国封建时代的最后一个王朝清朝的君主，都来自北方。

◀屈原

◀明太祖朱元璋

# 我国最伟大的教育家

在2 500多年前的春秋时代，我国出现了一位被后人称为"圣人"的大教育家、大思想家，他就是孔子。你知道为什么说孔子是大教育家、大思想家吗？

孔子是个大教育家，在中国教育史上占有重要的地位。

在奴隶社会只有贵族子弟才能享受文化教育，孔子认为这样太不公平了，每个人都有接受文化教育的权利。孔子创办私学，遵循有教无类的原则，无论出身贵贱都可入校学习。孔子的学生有贵族子弟，也有平民。

孔子一生中收了3 000多名弟子，著名的有72人。

孔子讲学的地方，有庭院，有卧室，有讲堂，有郊外，有时在旅途中的马车上他就讲起学问来。他和学生一起生活，勤勤恳恳地教育学生，得到学生的尊敬。

孔子不仅是个教育家，还是一位思想家。他大力提倡"仁"，就是要孝敬父母、尊敬长辈，要忠于君主，要关心爱护他人。他还经常讲"礼"，就是要人们遵守严格的等级制度，地位低的人要服从地位高的人。

因为孔子的思想既有一般的做人道理，也有对统治者有利的方面，所以一直流传至今。

孔子重视学问，但是看不起生产劳动，他反对学生耕田种菜，认为这些事是没有出息的，这是很不对的。

## 孔子的学习态度和方法

孔子一生总结了很多道理。他告诉弟子："三人行，必有我师焉。"意思是说三个人一起走路，其中一定有一位可以做我的老师。

他还说："知之为知之，不知为不知，是知也。"懂了就是懂了，不懂就是不懂，这才是聪明睿智。

在学习上，要不耻下问，不能不懂装懂；要"温故而知新"，在复习旧知识的基础上，才能学好新知识。

这些经验直到今天还常常被人们学习利用。

铜铸孔子像

▲孔子像

# 中国第一位"印度通"

▶ 玄奘

印度位于南亚次大陆，国土面积约为297.47万平方千米，居世界第7位。你对印度了解多少？你知道堪称中国第一位"印度通"的人是谁吗？

玄奘俗称唐僧，通称"三藏法师"，又称"玉华法师"，他是汉传佛教历史上最伟大的译师。

他12岁时出家，遍读佛经，深体宗旨，决心为佛家事业贡献一生。

他周游国内各地，遍访高僧，决心西行求法，以弄明白众多的疑问。

贞观三年（629年），玄奘历尽千难万险前往天竺取经求法，前后17年，博学了当时大小乘各种学说，携带回许多经籍，并用19年的时间翻译佛经。玄奘归国后，将沿途各国的风土习俗，以及政治、历史、宗教上的遗迹逸闻，写成《大唐西域记》十二卷，所记印度情形，在各种印度游记著作中最为详细。因此他堪称中国第一位"印度通"。

同时，他把"天竺"改译为"印度"。书中所记印度地理的概要极为精到，描绘出印度真实的轮廓。

可以说，印度佛教不但影响了世界各国的思想，对中国文学的影响也很大。其他如绘佛画、塑佛像、建寺塔、做道场等，也同样使中国的绘画、雕刻、建筑、音乐等艺术有着创新的发展。

## 中国佛学界第一人

玄奘是中国佛教史上伟大的译经家，开辟了中国译经史的新纪元，同时他还积极讲经弘法，热心佛教教育，门下人才辈出。

玄奘的译经传教，使长安成为当时世界佛教的中心，日本和朝鲜半岛的僧侣也纷纷投到玄奘门下，再把中国佛教传到各国。

玄奘是中国佛教史上的一代伟人，他被称为"中国佛学界第一人"，实在当之无愧！

玄奘不仅是沟通中印文化的导师，更使千余年来东亚各国浸润在中印两大文化之中。

# 郑成功为什么叫"国姓爷"？

台湾自古以来就是我国的领土，后来遭到荷兰殖民者的侵略。在郑成功的努力下，台湾终于回到了祖国的怀抱，郑成功也成了民族英雄。你知道郑成功为什么又叫"国姓爷"吗？

郑成功（1624—1662）是我国明末清初著名的民族英雄，原名森，字大木，福建南安县石井村人。其父郑芝龙，曾组织向台湾移民，积极开发台湾岛。

南明弘光政权灭亡后，郑芝龙等在福州拥立唐王为帝，建号隆武。

1645年，21岁的郑成功在福州受到隆武帝的召见，颇受赏识，被认为本家，赐他国姓（朱），改名成功。从此南明官方称其为"朱成功"，而民间则尊称其"国姓爷"。

在清朝不断用兵东南的关键时刻，郑芝龙公开降清。郑成功跪哭力阻无效，毅然与其决裂，举起了抗清大旗。

此后，郑成功以金门、厦门两岛为根据地，建立了一支精锐的水陆两栖作战部队，反复同清军交战，被南明永历帝册封为延平郡王。

在巩固福建的同时，他数次举兵北伐，准备收复南京，恢复明朝的统治，结果由于多种多样的原因，均以失败告终。而后郑成功当机立断，实施战略转移，把目标对准了台湾。

## 收复台湾

1661年春，郑成功令长子郑经防守厦门，在金门誓师后，于3月3日亲率战舰120艘、将士25 000余人，东进收复台湾。经过激烈的海战，郑军击沉荷军主力舰"赫克托号"，收复了"赤嵌楼"。

在近一年的争夺中，荷军伤亡近2 000人，损失惨重。

1662年2月1日，荷军在投降协议上签字，随后其残部乘船舰撤离台湾。

至此，台湾在经历了38年的殖民侵略后，终于又重新回到祖国的怀抱。

▲鼓浪屿郑成功雕像

# 和亲

和亲，是汉族封建统治者与少数民族首领之间，为一定的政治目的而进行的联姻。

王昭君自愿请行出塞，文成公主千里入藏，千百年来一直传为佳话。她们执行朝廷的"和亲"政策，为维护汉族与少数民族的友好关系做出了贡献。你知道最早实行"和亲"政策的是哪个朝代吗？

西汉是我国历史上最早实行和亲的朝代。

西汉初年，我国北方的匈奴势力强盛，不断侵扰西汉北部边境。当时西汉内部的统治尚不稳定，社会经济还未恢复，无力对匈奴作战，因而刘邦采纳臣下提出的"和亲"建议，把汉室公主嫁给匈奴的君主单于，每年还送去大量的丝绸、粮食、酒等物品。

刘邦以后的惠帝、吕后、文帝、景帝时期，继续实行"和亲"政策。实行和亲政策，虽然并没有彻底使匈奴贵族停止侵扰掠夺，但为西汉恢复和发展社会经济、做好反击匈奴的准备创造了有利条件。

## 昭君出塞

汉元帝（前75—前33）在位时，王昭君以"良家子"身份被选入宫，她相貌出众，品格高贵。

竟宁元年（前33年），匈奴呼韩邪单于来朝请求和亲，昭君自愿请求嫁于匈奴。她嫁到匈奴，被单于封为"宁胡阏氏"。昭君死后，匈奴为其建宫立碑。

▲四大美人之——王昭君

# 阿房宫

阿房宫号称"秦川第一宫"。秦始皇的建宫计划是以阿房宫为中心，建造众多的离宫别院。谁知，前殿还没有修好，秦始皇就死了。他死后，秦二世即位，继续营建阿房宫前殿，后来又修建了后宫。那阿房宫到底有多大呢？

西汉史学家司马迁在他的《史记·秦始皇本纪》中说：阿房宫前殿，东西五百步，南北五十丈，殿中可以坐一万人，殿下可以树起五丈高的大旗。四周为阁道，自殿下直抵南山。在南山的峰巅建宫阙，又修复道，自阿房宫渡过渭水直达咸阳。

秦代一步合六尺，三百步为一里，秦尺约0.23米。如此算来，阿房宫的前殿东西宽690米，南北深115米，占地面积8万平方米，容纳万人自然绰绰有余。

相传阿房宫大小殿堂七百余所，一天之中，各殿的气候都不尽相同。宫中珍宝堆积如山，美女成千上万，秦始皇巡回各宫室，一天住一处，至死时也未把宫室住遍。

《汉书·贾山传》记载阿房宫的规模"东西五里，南北千步"。如今在陕西西安西郊三桥镇以南，东起巨家庄，西至古城村，还保存着面积约60万平方米的阿房宫遗址。

可见，阿房宫宫殿之多、建筑面积之广、规模之宏大，它是世界建筑史上无与伦比的宫殿建筑。

## 项羽没有火烧阿房宫

2 000多年来，大家始终认为阿房宫是项羽烧毁的。秦亡后，项羽率大军进入关中，开始对秦在关中的一系列重要建筑进行毁灭性的破坏。

然而，考古工作者在对阿房宫遗址前殿的发掘中，并未发现一铲红烧土，而此前考古人员在秦咸阳宫的发掘中，却发现了大量的红烧土，证明那里确实被火焚过。因此专家以为项羽烧的是秦咸阳宫而非阿房宫。

▲阿房宫

# 元代皇帝为何没有陵墓?

一般来说,皇帝死后都有一座陵墓,这些陵墓多数在他们登基后就开始筹建,以后逐年增修,所以在位越久,陵墓规模就越大。但在历代王朝中,唯独元代皇帝没有留下陵墓。这是什么缘故呢?

原来,元朝皇帝的葬仪和其他朝代是不同的。他们吸取了过去那种"穷天下之力崇山坟,倾天下之财以充藏椁,尽后宫子女以殉埋葬",以及其后"几经变乱,多遭发掘,形体暴露,甚至坟土未干,其坟墓已空"的教训,而采取了保密的土葬方式,使后人无法发现。

叶子奇《草木子》记载,元朝皇帝死后是不用棺椁的,也没有殉葬品,其葬仪很奇特,只是"用木二片,凿空其中,类人形大小合为棺,置遗体其中",然后挖一条很深的坑将其埋入。地面堆土后,再用"万马蹴平",并派一支队伍把这一地区暂时封锁起来,等到青草长成,一点儿也看不出痕迹后才解除封锁,撤走队伍。因此,后世就很难发现元代皇帝陵墓之所在了。

## 明十三陵

明十三陵,是明朝十三位皇帝的陵墓,坐落在北京市昌平区内的天寿山南麓,距北京市区50千米。

陵区内共埋葬着13位帝王、23位皇后和众多的妃子、皇子、公主及从葬的宫女等。其中包括长陵(成祖)、献陵(仁宗)、景陵(宣宗)、裕陵(英宗)、茂陵(宪宗)、泰陵(孝宗)、康陵(武宗)、永陵(世宗)、昭陵(穆宗)、定陵(神宗)、庆陵(光宗)、德陵(熹宗)、思陵(思宗)共13处,统称十三陵。

明十三陵规模宏伟壮丽,景色苍秀,气势雄阔,是国内现存最集中、最完整的陵园建筑群。

◀铁木真雕像

# 紫禁城

故宫东西宽750米，南北长960米，面积达72万平方米，其面积之大为世界之最。那么它为什么俗称"紫禁城"呢？

1406年，明朝第三代皇帝朱棣，下诏在北京城营建紫禁城。紫禁城占地72万平方米，包括宫殿楼在内的建筑共786种，是世界上最大的建筑群。

紫禁城取紫微星居于天地中心之意，表示这里是世界的中心，"紫"是指居于中天的紫微星，在古代是天地的象征，另外皇宫戒备森严，又是禁地，所以称为紫禁城。

紫禁城是明清两代皇宫，先后有24位皇帝在此居住。

紫禁城的房屋传说有九千九百九十九间半，只比天帝的一万间少半间，据现代古建筑物专家的科学统计，故宫大小宫、殿、堂、楼、阁等共有房屋8 700多间。

故宫的一草一木都有某种象征意义，体现着古代中国的文化精粹。"紫禁城"这个名字就与中国古代哲学和天文学有关。中国人认为"天人感应"或"天人合一"，因此故宫的结构是模仿传说中的"天宫"构造的。古代天文学把恒星分为三垣，其中紫垣（北极星）正处中天，是所有星宿的中心。紫禁城之紫，就是"紫垣正中"之紫，意为皇宫也是人间的"正中"。

## 北京故宫概况

北京故宫集国古代建筑艺术之大成，是中国2 000多年专制社会皇权思想的集中体现。

故宫宫墙周长约3 000米，占地面积约72万平方米，建筑面积约15万平方米。宫城平面略呈长方形，东、西、南、北面各有一座高大的城门，宫城四角各矗立一座精美的角楼，城墙外有宽52米的护城河环绕，形成一座宏大壮观，壁垒森严的堡垒。

与中国历代皇宫一样，故宫的总体规划和建筑形制完全服从并体现了古代宗法礼制的要求，突出了至高无上的帝王权威。

故宫全部宫殿分"外朝"和"内廷"两部分。

外朝以太和、中和、保和三殿为主，前面有太和门，两侧又有文华、武英两组宫殿。从建筑的功能来看，外朝是皇帝办理政务、举行朝会的地方，自然在紫禁城的前部。

内廷以乾清宫、交泰殿、坤宁宫为主，是帝后居住的地方，位于紫禁城的后部。

# 为什么说"北京人"是一座里程碑？

这里所说的"北京人"，是指在四五十万年以前生活在北京周口店的原始人，和现在的北京人可不是一回事。他们既像猿，又有一些人的特征。为什么说"北京人"是人类历史上的一座里程碑呢？

人们考古发现，"北京人"前额低平，两个连在一起的粗大眉骨遮着眼睛，颧骨很高，鼻子扁宽，嘴巴向前伸，没有下巴，牙齿粗大，脑壳比现代人厚一倍，颅容量只有现代人平均值的80％，胳膊和现代人差不多，腿还有点弯曲，最主要的是"北京人"已经懂得使用简单的石头工具和火。火的使用，不仅使"北京人"吃到了熟食，冬天还可以取暖抗寒，大大增长了原始人和大自然斗争的本领。而熟食更容易消化，因此他们的身体越来越强壮，向现代人的进化也更迅速了。从这些已经发现的情况中不难看出，"北京人"的确是人类历史上的一座里程碑。

## 世界遗产

北京人遗址位于北京市房山区周口店龙骨山。早在1918年发现第一地点后，经过1921年、1923年的两次发掘，发现了不少哺乳动物化石，特别重要的是在这些化石中有两颗人的牙齿化石，这是北京猿人遗骨的最初发现。

1927年以来，又经过多次大规模发掘，特别是在1929年12月2日的发掘中，科学家在龙骨山的巨大洞穴里又发现了一块完整的原始人头盖骨，从而为北京人的存在提供了坚实的基础，这也成为古人类研究史上的里程碑。

周口店也以中国猿人之家闻名于世。1987年12月，第十一届世界遗产大会召开，周口店北京人遗址被列入《世界遗产名录》。

▶周口店北京人遗址

根据发掘的地点，科学家把这种原始人类定名为"北京人"，把这座洞穴称为"北京人遗址"。中华人民共和国成立后，又进行过多次大规模发掘，清理出40多个男女老少的北京猿人化石，100多种动物化石，10万余件石器，以及仍保存在洞穴内的几个灰烬层，最厚的一层超过6米，灰烬层中保有大量烧过的碎骨和木炭碎块，可见"北京人"早已懂得用火烤食猎物和取暖防寒。

# 古埃及人是怎样生活的?

在人类古代文明的长河中,古埃及文明是最为重要的支流之一。许多人对古埃及都很感兴趣,甚至有不少人能随口说出古埃及文明的三大象征——象形文字、狮身人面像和金字塔。你知道古埃及人是怎样生活的吗?

埃及人的祖先早在新石器时代晚期,7 000多年前,就分别在上埃及(尼罗河河谷)和下埃及(尼罗河三角洲)建立了相当有规模的聚落。由7 000多年前到大约5 000年前,渐渐发展成一个国家。

他们以种小麦和大麦、牧牛、钓鱼、捉野雁为生,编织亚麻布,用泥砖盖房子。

在当时陶器相当普遍,工匠已经是一种职业,他们能制作精美的石器和象牙(或河马牙)工艺品,并已开始使用黄铜。

同时,人们也会出外捕鱼、制作面包,古埃及人很早就掌握了酿造啤酒和葡萄酒的技术,并且掌握了织布及染色技巧。

## 古埃及的历史

我们通常把古埃及分为三个主要时期:古王朝时期、中王朝时期及新王朝时期。

古埃及人建立了一个超过3 000年的文明。他们发展出卓越的天文、工程、数学及医学等知识,也发展出有系统的征税制度,以及具备警察与法庭的司法制度。

古埃及人颇重女权,女性在法律地位上甚至比现今某些国家的女性还要高。

▲狮身人面像

现今将一年分为365天,每天分为24小时,都是源自埃及。

## 狮身人面像

狮身人面像位于胡夫的儿子哈夫拉国王的陵墓前。

狮身人面像的面部参照哈夫拉,身体为狮子,高22米,长57米,雕像的一个耳朵就有2米高。整个雕像除狮爪外,全部由一块天然岩石雕成。由于石质疏松,且经历了4 000多年的岁月,整个雕像风化严重。另外面部严重破损,有人说是马穆鲁克把它当作靶子练习射击所致,也有人说是18世纪拿破仑入侵埃及时炮击留下的痕迹。

# 圆明园到底是谁烧的？

火烧圆明园，这是人们说惯了的一个提法。其实，火烧圆明园的真正概念，不仅是火烧圆明园，而是火烧京西皇家三山五园（万寿山、玉泉山、香山三山，以及清漪园、圆明园、畅春园、静明园、静宜园五园），范围比圆明园大得多。那么，圆明园是被谁烧的呢？

历史上圆明园曾经两次被烧。

第一次火烧圆明园是清咸丰十年（1860年），英法联军入侵北京。英法联军到处烧杀抢掠、野蛮洗劫，焚毁了举世闻名的圆明园，园内寺庙建筑也大多被毁。英法联军火烧圆明园时，本意是将其夷为平地，但是由于圆明园的面积太大，景点分散，而且水域辽阔，一些偏僻之处和水中景点幸免于难。据同治十二年（1873年）冬查勘，园内尚存建筑13处。

第二次火烧圆明园是清光绪二十六年（1900年），八国联军入侵北京，再次放火烧圆明园，使这里残存的13处皇家宫殿建筑又遭掠夺焚劫。

## 八国联军

八国联军是指1900年（庚子年）以军事行动进入中国的英、法、德、俄、美、日、意、奥的八国联合军队，总人数约3万人。

19世纪末，中国北方爆发了义和团运动，义和团提出"扶清灭洋"口号，并陆续入京。

1900年5月31日，英、美、日、法、俄、意等国以保护使馆为名，派兵300余名，强行入京。6月10日，西摩尔率军2000余人进攻北京，被义和团击退。6月13日，义和团与教民武装发生冲突，德国公使克林德等在京杀害义和团民。6月16日，义和团开始攻打西什库教堂。6月17日，八国联军攻占大沽口炮台。6月19日，慈禧在御前会议上决定对各国宣战。6月21日下宣战诏，并派庄亲王载勋、协办大学士刚毅任义和团统帅。

7月14日八国联军攻占天津，8月14日进攻北京。8月15日清晨，慈禧挟光绪帝西逃。侵略军入城后，火烧庄王府，屠杀在王府的义和团民约1700人，并在北京抢掠3天，又继之以私人抢劫。8月27日，清政府派奕劻和李鸿章为全权大臣向八国求和，10月联军首领瓦德西到北京，设管理北京委员会，由各国分区占领北京城并提出议和大纲。1901年9月7日清政府与各国政府订立《辛丑条约》。

八国联军军事行动，以清政府被迫与总共十一个国家签订不平等条约——《辛丑条约》结束。在战争中，俄国出兵侵占中国东北全境，为日后的日俄战争埋下了伏笔。